浄化＆開運で
最強運を手に入れる

木下レオン

吉方位の旅

はじめに

この本を手に取っていただいて、ありがとうございます。旅する占い師、木下レオンです。

みなさんは旅行をする際、どんなふうに旅行先を選んでいますか？　とりあえず行ったことのない観光地を選ぶ、旅番組や旅行雑誌で紹介されていた温泉地を選ぶ、あるいはネットや友人の口コミを参考にするなど、いろんな視点で旅行先を決めているかと思います。迷った挙げ句、なんとなく決めてしまうこともあるのではないでしょうか。

そこで、みなさんにお伝えしたいのが、「吉方位」を参考に旅行先を決めることです。私の占いの指標のひとつである「九星気学」を基にした「帝王吉方」の開運法です。方位には、それぞれ特徴的な効力があると考えられ、その方位を訪れることで自分の運気を変えることができる唯一の占術とされています。

さらにその人の生まれた年から吉方位を割り出し、縁起の良い方位を導き出すこともできます。こちらは方位の特徴に関係なく運気が上がる吉方位です。

せっかくの旅行が悪天候のうえにトラブル続きでまったく楽しめなかった……と

いうことがありますよね。そんなときは、縁起の悪い方位だったのかもしれません。

それに対し、「帝王吉方」の吉方位へ旅行したときは、素敵な出会いがあったり、旅先でいいアイデアが浮かんだり、さまざまな良いことにめぐり会います。巻末に「帝王吉方」の割り出し方を掲載していますので、ぜひ参考にしてください。


吉方位の効果は、旅行中よりもむしろ旅から帰った後に如実に表れてきます。

かくいう私も若い頃から吉方位を道しるべに日本各地を旅し、旅から帰った後に人生の転機となる出来事が起きるということを幾度となく経験してきました。

私は旅行をする際に、まず吉方位から考えていくのですが、自分が成し遂げたいことがあれば、それに合った効力を持つ方位を選びます。東は仕事運、西は金運というふうに各方位に強みがあるので、仕事を頑張りたければ東を選ぶというわけです。

そうした吉方位の効力を、さらに高める方法があります。その方法こそが、この本のテーマであり、私がもっともお伝えしたいことです。

それは、方位の効力と合った神様、仏様に手を合わせることで、方位の効力はより強くなり、願いが叶うスピードもより早くなるということ。

私がフジテレビ系のテレビ番組『突然ですが占ってもいいですか?』にレギュラー出演することができたのも、この「吉方位×神様」のご利益のおかげだと思っています。

私が福岡を拠点に占い師をしていた頃、3年間ずっと「占い師として全国放送に出たい」と願っていました。もちろん当時は、占い師がレギュラー出演する番組の企画なんてありませんし、東京のテレビ局にツテがあるわけでもありません。

だけど、どうしても私はその願いを叶えたくて、仕事運を上げる効力を持つ東へ行くことを思い立ち、東京の浅草寺をお参りしました。

浅草寺には、浅草七福神巡りで知られる大黒天が祀られています。

大黒様は商売繁盛や仕事運のご利益があり、日本有数のパワースポットである浅草寺の大黒様であれば、吉方位の効果を何倍にも高めてくれるはず。私は心から仕事運を祈願しました。

本当にご利益があったかどうかは、みなさんがご存じのとおりです。

翌年の2020年1月に特番の『突然ですが占ってもいいですか!? in赤羽』が放映されることになり、全国放送出演の願いが叶ったのです。

初めての収録のときは、心臓が飛び出そうでした(笑)。3年間の祈りが現実になり、

人々を救う覚悟を問われていることを実感しました。

そこで私はこう考え直しました。３年間祈り続けたのは、テレビに出てカッコつけたり、ただ有名になりたいからじゃない。

神様、仏様、ご先祖様に手を合わせることの大切さを、より多くの人に伝えるためだ、と――。

その瞬間、私の中で覚悟が決まりました。

この特番が好評だったことで、『突然ですが占ってもいいですか？』のレギュラー化が決まり、今では番組内の企画として、私が神社やお寺の参拝の仕方をお教えする役割を担当しています。これこそ私の念願だったことです。

そして、こうして吉方位の旅の本まで出せることになりました。これだけご利益をいただいたのだから、レオン流の吉方位の旅をみなさんにお教えすることで、ご恩をお返ししたいと思っています。

叶えたい願いに合った神様・仏様に会いに行き、そのパワーを最大限に受け取るために、私自身が行っている真の祈り方をお伝えします！

木下レオン

目次

第2章　さぁ！　願いを叶えるパワースポットへ出かけよう

吉方位の旅　特別編　福岡県

吉方位の旅・九州・沖縄編

木下レオン　旅の思い出コラム　その2 ～高野山・美保神社・出雲大社～

吉方位の旅・東海・中部編

第 1 章

吉方位の旅で
運勢を上げるには

吉方位の旅に出かけよう

レオン流開運旅のすすめ

吉方位を道しるべに人生を切り拓く

私が吉方位を意識して行動するようになったのは、27歳の頃です。福岡の占い師の家系に生まれ、子供の頃から四柱推命などの占術を学んできた私ですが、高校卒業後は営業マンとして会社勤めをしていました。ところが、27歳のときにその会社を辞めてしまい、途方に暮れていたのです。

そんなとき占い師の親から「吉方位に行ってきたら？」とアドバイスされ、すがるような思いで吉方位を旅行したところ、気持ちがスッキリしたのです。

それからは、どこかに行くときは、いつも吉方位が道しるべです。

再び会社勤めをするようになり、九州各地に営業に行くようになったのですが、私はいつも南の鹿児島に行くことにしていました。もちろんこれも吉方位です。

南には、地位や名誉が得られるといった自分を高める効果があります。それは、営業成績で結果を出し、出世できるということだと私は考えました。

また、南の方位には、きれいに縁を切る効果もあります。会社が悪い縁というわけではありませんが、私はいつか独立して飲食店を開業したいと思っていたので、結果を残した上で円満退社したかったのです。

そして、念願叶って29歳で飲食店を開業したのですが、独立に踏み切れた理由として、最高に恵まれた立地に店舗を借りられたことがあります。普通は脱サラ組にそんないい物件は回ってきません。運良くその物件を借りられたのも、サラリーマン時代に吉方位に行きまくったご利益だと思っています。

「吉方位×神様の得意とする力」で運気アップ!

お店は繁盛し、3店舗まで拡大することができました。お客様に感謝の気持ちを返したいと思い、無料占いのサービスを始めたところ、これが大好評です。こうして私はさらに占いに力を入れるようになり、日本各地で出張鑑定をするようになりました。

遠方に出張するたびに、その地域の有名なパワースポットや神社を訪ねるようにしていました。この頃から、占い師としてスピリチュアルな力を高めるべく、以前にも増して吉方位を意識するようになったと思います。

吉方位の効果をより高めるためには、自宅から吉方位に向かってできるだけ遠くへ行き、できるだけ長く留まるほど効果的とされています。移動距離は100キロメートル以上、できれば1、2泊すると良いとされていますが、私の実感としては、一番効くのは500キロメートル以上です。それもあって私は毎年欠かさず海外旅行をしていました。ところが、昨今の事情によって海外渡航が厳しくなったため、そのぶん日本各地の神社やお寺を足しげく回るようになったのです。

仕事運や芸能運など、その時々の願い事に合わせて方位を決め、それを祈願するに相応しい神社やお寺を目的地とするのですが、はっきりとご利益がわかるほど効果があったことが幾度もあり、私はある法則性に気付かされました。

それが、「吉方位×神様の得意とする力」によって、より方位の効力が高まり、ご利益を授かりやすくなるということです。

たとえば芸能運を上げたければ、人々の注目を浴びる効果のある南の方位となり、東京の南に位置する神奈川には、芸能の神様を祀る江島神社があります。この方法なら500キロメートル以上と気張らなくても、日帰り旅行でも十分にご利益が得られます。むしろ距離や滞在日数より大事なことじゃないかと思っています。

ルールを守り礼儀を心がけると、願いが叶いやすい

そして、神様からご利益を授かるためにもっとも大切なことは、ルールを守り礼儀を心がけて参拝することです。これがなっていないと、どんなに吉方位と神様の効力があっても、叶うものも叶いません。

もし自分が逆の立場だったらどう感じるか、想像してみてください。いきなり家の中に土足で上がりこんできて、挨拶もせずに「金運を上げてくれ」と頼まれても、絶対に力を貸そうとは思わないですよね。

ですから神社やお寺にお願い事をするときは、正式な参拝方法を守り、礼節をもってお願いしたほうが叶いやすくなります。それは、自分の行いを神様が見ているのだと信じることでもある。そう思えたとき、あなたはただ神頼みをするのではなく、願いを叶えるために自分なりの努力もするはずです。

ちなみに吉方位の効果は帰ってから表れてくるものなので、旅先で努力する必要はありません。思う存分、寺社巡りや温泉や郷土料理を楽しんでください。

それではみなさん、良い吉方位の旅を！

運気の流れを上げる方位を知る

邪気を祓い清めて運気を呼び入れる

　吉方位の旅は、まず方位の特徴的なパワーや効果を知ることから始まります。それを参考に自分の願いに合わせて旅先を決めるのですが、自宅から見たときの方位なので、京都が西にあたる人もいれば、東にあたる人もいます。

　さらに、参拝する神社やお寺を選びます。神様にもそれぞれ得意とするパワーがあるので、方位の効果とご利益が一致する寺社を目的地とします。ただし、吉方位の神社やお寺に行けば、即、開運というものでもありません。

　汚れた水が入ったコップをイメージしてください。濁った泥水に清らかな水を注いでもきれいにはならないように、邪気を祓い、浄化してからでないと良い運気はやってきません。そこに運気が入ったら、その運気まで汚れます。

　まずこのコップを空にする必要があります。それが「穢(けが)れを祓(はら)う」ということ。神社には決まった参拝方法がありますが、それらはすべて穢れを祓うためにあります。

　鳥居や狛犬は魔除けの意味がありますし、手水舎では水で手と口を浄化します。こうして順に穢れを祓った上で参拝し、ようやく開運成就！

　邪気を祓っておかないと運気は入らない。これだけは絶対に覚えておいてください。

まずは氏神様から参拝しよう

　旅行に行くと、まっさきに観光名所とされる神社やお寺に行きたくなるものですが、できればその土地の氏神様にもご挨拶するようにしてください。

　氏神様とは、その土地で代々暮らす人々と縁の深い守り神です。引っ越しの際にその土地の氏神様にご挨拶すると良いということは、わりと知られていますが、私は仕事をする土地の氏神様にもご挨拶します。

　サラリーマン時代は博多の氏神様である住吉神社を頻繁に参拝していたことで、その街でたくさんいいことがありました。出張鑑定を始めてからも、仕事をする土地の氏神様にご挨拶するようにしていました。よそ者がその土地で仕事をさせていただくのから、筋を通しておくのが礼儀です。

　氏神様に自分のことを知っておいてもらえば、旅のトラブルから守ってくれたり、その土地の良いパワーを授けてくれたりします。

私が会社員の時、氏神様としてお参りさせていただいた福岡の住吉神社。

木下レオンおすすめの全国パワースポット

全国には約15万8000もの神社とお寺があります。
その中から木下レオンがおすすめする開運パワースポットを厳選しました。

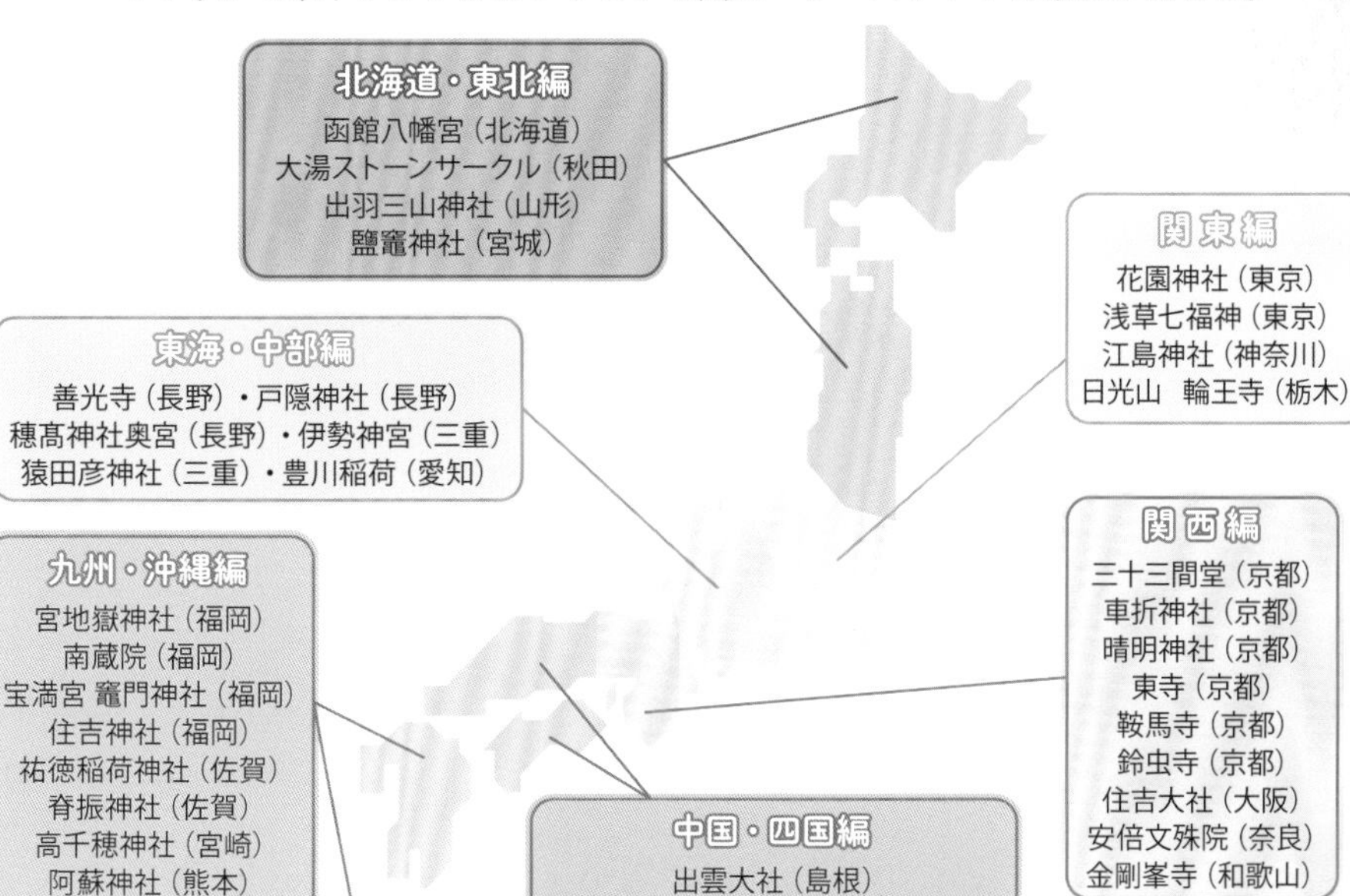

方位除け・鬼門除けとは

「方位除け」という祈祷があります。生まれ年で決まるその人の星を方位に当てはめて年ごとの運勢を占うと、誰にでも運勢が弱くなる年が巡ってきます。そのとき「方位除け」の祈祷をして厄を落とします。

本来はそういう意味ですが、私は凶方位に行かざるをえないときも方位除けを祈願します。仕事や旅行で悪い方位に行くなら、方位除けのパワーを持った神仏に祓ってもらいましょう。

また、「鬼門除け」という言葉もあります。

これは鬼が出入りするとされる「北東」を不吉な方位として避けたり、お祓いすることです。たとえば徳川幕府が鬼門除けとして崇敬したのが、関八州の鬼門にあたる日光山輪王寺でした。

2021年は丑年、来年は寅年で干支の方位では鬼門にあたります。日本全体の運勢が悪くなっている年は、鬼門除けのパワーを持った神社やお寺を参拝すると運気が良くなります。

日光山輪王寺で護摩焚きを受けるのも良いでしょう。心身が浄化されます。

それぞれの方位がもつパワー

方位には、それぞれ特徴と効果があります。
八方位の開運効果を参考に旅をしましょう！

南

●向上心アップ

試験合格、名誉、美貌など、自分を高めてくれる方位です。また、悪縁を断ち切る方位でもあります。

- 受験や資格の試験に合格する
- 注目を浴びる存在になる
- 別れたい相手と別れられる

体への良い影響

首より上部・心臓・神経・乳房

北

●始まりのパワー

人生の転機となるような出来事が始まりますが、半年から１年は大変な思いをすることがあります。

- 子宝に恵まれる
- 異性との縁が増える
- 秘密がバレない

体への良い影響

子宮・泌尿器官・腎臓・冷え性

西

●金運・恋愛運アップ

金運も恋愛運も上がって幸せになる方位ですが、慢心する傾向があるので慎重さが求められます。

- 交際範囲が広がり結婚運アップ
- お金の出入りが派手になる
- 話術が上達し、説得力が増す

体への良い影響

気管支・神経

東

●仕事運アップ

早起きの生活サイクルになることで活力がみなぎり、仕事や商売が早く発展していきます。

- 仕事に恵まれる
- 目標を早く達成できる
- 怠け心がなくなる

体への良い影響

肝臓・神経痛・ヒステリー・喘息

吉方位の効果とは

八方位には、魅力的に見える方位がありますが、必ずしも良い面だけではありません。たとえば、北は始まりの方位ですが、そのぶん大変な思いをすることもある。最初は苦労しますが、それを乗り越えると運気が上がります。西は金運も恋愛運も上がって、いいことずくめに見えます。しかし、遊びすぎてしまうことがあるので、楽しむのもほどほどにしないといけません。また、東は仕事運が上がりますが、デートができないくらい忙しくなることもあるでしょう。どの方位に行くにしても、叶えたい望みに対して、まず自分なりの努力をすること、行動をすることが大事です。吉方位でチャンスをつかみ、自ら運命を切り拓いていきましょう。また、これからの時代はオンラインで仕事ができますから、旅行だけでなく叶えたい望みの効果がある方位に、引っ越したり、長期滞在して、そこで仕事をするのも良いでしょう。

北西

●事業運アップ

社長やリーダーの事業運に関わる方位です。リーダー力が発揮されますが、最初はキツイ思いをします。

・リーダーの器ができる
・神仏にご縁ができる
・一発当てる賭博運が上がる

体への良い影響

頭・めまい・血圧・皮膚

北東

●改革・変化のパワー

改革や変化をうながす方位です。運気が悪い人が行くと、良い運気に切り替わります。

・子宝や後継者に恵まれる
・出費が止まり、貯金ができる
・人から騙されにくくなる

体への良い影響

腰・関節・筋肉・胃・脾臓・鼻

南西

●努力のパワー

こつこつ真面目に努力する力が身につきます。働き者になるので、心も生活も安定します。

・働き者になり、生活が安定
・家庭が円満になる
・誠実な恋愛になり長続きする

体への良い影響

胃腸・皮膚・不眠症・便秘・食道

南東

●結婚運アップ

有益な情報が入ってくる方位です。恋愛面では、交際中の人と結婚できたり、結婚相手を紹介されます。

・社交的になり、人脈が広がる
・心と環境すべてが整う
・恋愛が結婚に発展する

体への良い影響

呼吸器官・頭髪・神経・腸

お水取りで運気を上げる

私は旅先で「お水取り」をすることにしています。吉方位のパワーをチャージするために、その土地の〝気〟を含んだお水を持ち帰るのが目的です。

湧き水がある神社では、「ご神水」や「お水取り」と書かれているので、ペットボトルや水筒を持参していくといいでしょう。持ち帰ったお水は、九星気学の９つの星回りにちなんで９日間にわたって飲み続けます。本当はもっと長期間飲み続けたほうが吉方位のパワーを吸収できるのですが、日が経つと気は薄らいでいくので、大量にお水取りをしても効果的とは言えません。まして、ご神水を大量に持ち帰るのも欲深い気がするので、私は控えめにお水をいただくことにしています。

水は土地のパワーを吸収しやすいので、お水取りの効果と同様に、温泉につかるのも効果的です。また、地場産の食べ物も土地の気を溜め込んでいるので、たっぷりいただきましょう。

レオン流 参拝の心得

正式な参拝方法で自分を祓い清める

コップを空にするイメージで参拝するというお話をしましたが、神社の正式な参拝方法は、一つひとつ意味があり、それを理解して行うことで、自然と心が清められていく一連の過程になっています。

まず鳥居には、神様が暮らす神域と人間が暮らす世界の境界として、邪気を祓う結界の役割があります。ですから鳥居の下で立ち止まり、邪気を祓い、敬意をもって一礼します。

鳥居や参道を歩くときは、真ん中を避けて歩くようにしましょう。なぜなら中央は神様の通り道だからです。

そして、手水舎で手と口を清めます。当然のことですが、ただ手と口を洗えばいいというものではありません。柄杓に口をつけたり、水に手を入れて洗ったりせず、必ず作法どおりに行うようにしてください。それが神様への礼儀であり、他の参拝者へのマナーです。

お賽銭は5円（ご縁）が良いとされていますが、私は105円をベストとしています。理由は「充分（10）ご縁（5）がありますように」という意味です。

金額が多いほどご利益がありそうですが、お賽銭は気持ちですから、1円でも1万円でも基本的に変わりません。でも、1円出すのと1万円出すのとでは、気持ちも違いますよね。大事なのは金額というより、

●神社参拝の手順●

1 鳥居のくぐり方

鳥居の前で一度会釈をして入る。真ん中は神様の通り道なので避けて。

2 手水舎で清める

①右手で柄杓を持ち左手に水をかける。
②左手に柄杓を持ち替え、右手に水をかける。
③右手に柄杓を持ち替え、左手に水を注ぎ口をすすぎ、もう一度左手に水をかける。
④最後に柄杓をタテにもって水を流し、柄の部分を清める。
①～④の手順はすべて柄杓1杯分の水で行う。

※現在（2021年9月）は新型コロナウィルス対策のため、柄杓が設置されていない場合が多く、状況に合わせた形で行うようにしましょう。

その人の気持ちです。神社でお仕事をされている方もいますので、できればその方々にも行き届くくらいの気持ちがあると、なお良いと思います。

心を清らかにして感謝と願いを伝える

二礼二拍手をしてお祈りに入る前に、心の中で自分の住所と名前を神様にお伝えしましょう。神様からすると、どこの誰かもわからない人に願い事をされても困ってしまいます。ですから自分が何者かを名乗っておくのが礼儀です。

これもやはり心のあり方の問題です。住所と名前を言う人は、神様が見ていることを信じているものです。逆に、ただお願いするだけの人は、心の中で神様を信じていません。どちらの方がご利益を得られやすいかは明らかですよね。

「祓い給え清め給え」という祝詞は、まさに穢れを祓う言葉ですから唱えた方が良いです。こんなふうに最初から最後まで、コップの水をきれいにしていく過程になっているのです。

「私が私が」という気持ちを捨て、感謝の気持ちをもってお祈りしましょう。「神様に何を願うか」ですが、心を清らかにして祈れば、おのずと心の内から願いは出てくるものです。そのとき必ずメッセージは降りてきます。そして最後に深く一礼して参拝終了となります。

3 拝殿にて

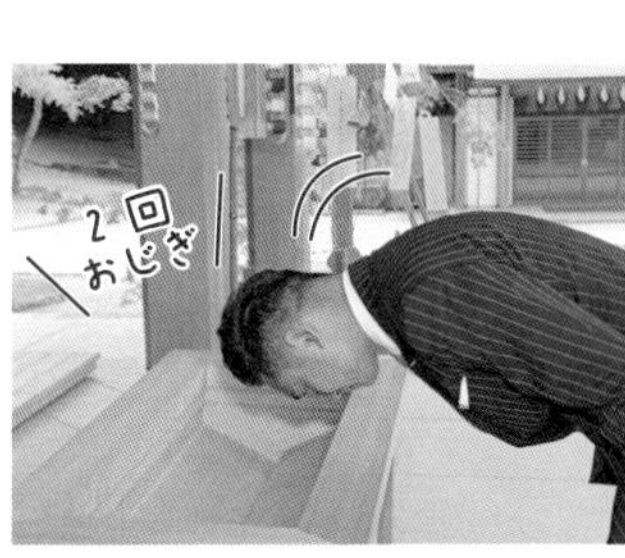

①お賽銭はそっと入れる。105円がおすすめ。
②鈴を鳴らす。
③二礼二拍手（2回おじぎをして2回拍手をする）。
④心の中で自分の住所・氏名を言ってご挨拶。自分の生年月日を言ってもいいでしょう。「祓い給え清め給え」と祝詞を唱えてから祈る。
⑤最後に一礼

神社参拝は神様との対話

おみくじの言葉は神様のメッセージ

私は参拝後に必ずと言っていいほどおみくじを引きます。私にとっては本当に大事なことで、おみくじに書かれた言葉を神様のメッセージだと思って受け止めています。

参拝前夜には、「明日、お言葉をください」と祈ってから眠りにつき、当日の参拝では「今からお言葉をいただきます」と覚悟を伝えます。すると神様は、今の自分に必要なお言葉をくださるものです。

凶であろうが大吉であろうが、私にとってはそれほど重要なことではありません。大事なのは、やはりお言葉です。言葉の意味を今の自分とリンクさせて噛みしめ、自分の行動に生かしていくことが、おみくじを引く意味であり、心がまえです。

大切なことは、責任をもってお言葉を受け入れること。人のせいや社会のせいにしてはいけないし、もちろんおみくじのせいにしてもいけません。おみくじの言葉を自分なりに解釈し、頑張るのも努力するのも自分次第です。

みなさんもおみくじに書かれた言葉を自分事として噛みしめ、今後の行動に生かしてください。

●おみくじの引き方

おみくじは参拝を終えて最後に引きます。おみくじを枝に結ぶと良いという習わしがあり、「神様とご縁を結ぶ」と言われていますが、持ち帰ってもかまいません。おみくじの言葉をじっくり読むことが何より大切です。

●お守りについて

お守りは、今叶えたいことを想っていただきます。ポケットやバッグに入れるなど、お守りを身に着けることで、よりパワーをいただけます。お守りを枕に入れて眠ると、神様を近くに感じられ、さらに効果的です。1年たったら、古いものはいただいたところにお返しして、新しいものをいただくのが良いでしょう。

てるてる晴れ守り　いちご守り

宝満宮 竈門神社のお守りはかわいいものがたくさん。

吉方位の開運旅は一人旅と相性がいい

私は時間が許す限り、年に何度も吉方位の旅に出かけるのですが、心から祈りたいことがあるときは、基本的に一人旅になります。

一人旅が開運の条件というわけでもありませんし、友達や恋人と行く旅行も楽しいものですが、私の場合、一人の方が集中しやすいというのがあります。人と一緒だと、どうしても相手に気を使ってしまうものだし、会話に気が逸れてしまったりするものです。

心静かに神様と向き合ったり、自然と一体化するには、やはり一人旅の方が合っている気がします。なにしろ私は、神社の裏で1時間お祈りすることもあるので、それに人を付き合わせるわけにもいきません。お祈りは神様との対話ですから、メッセージを受け取るにも一人旅がベストです。

また、生まれ年から導かれる九星気学を基にした吉方位の場合、自分にとっては吉方位でも、同伴者にとっては凶方位ということもありえるので、人を誘いづらい。かといって一人旅が苦手という人もいますから、その場合は、吉方位が同じ人と旅行するようにしましょう。

ちなみに帝王占術では、「生まれた日」をもとに9つの属性に分けて占うのですが、私自身は「自由人」という属性になります。それもあって、自分が行きたいところに自由に行ける一人旅を好むのかもしれません。自由人として、これからも一生旅は続けると思います。

●御朱印のいただき方

御朱印を集めることも寺社巡りの魅力の一つです。私自身は集めていないですが、これから寺社巡りを始めるきっかけになるので、御朱印についても説明します。まず御朱印帳を用意します。御朱印は社務所や授与所、納経所でいただけますが、曜日や時間が決められていることがあるので事前に確認しておきましょう。

初穂料・納経料を納めて御朱印をいただきます。御朱印は参拝した証ですから、必ず参拝してから御朱印をいただくようにしましょう。

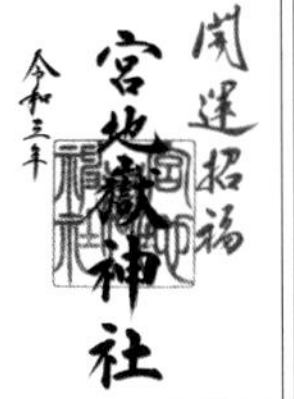

宮地嶽神社の御朱印。龍神（写真左）と本社（写真中央）バージョン。「光の道」の御朱印帳が人気。

晴明神社の御朱印。御朱印帳には金糸で晴明桔梗があしらわれている。

御朱印集めが楽しい！

お寺での参拝について

合掌礼拝して感謝を捧げる

神社とお寺の参拝の違いがいまひとつわからないという人もいるかと思います。

大きく違うのは、神社の参拝は二礼二拍手一礼、お寺の参拝は合掌礼拝です。当たり前のことのようですが、明治の廃仏毀釈（はいぶつきしゃく）で以前はお寺だった神社や、神社のような朱色のお寺もあるので、間違えないように気をつけましょう。

それ以外では、山門をくぐるときに一礼することや、手水舎で手と口を清める作法など、身も心も清めて参拝するという心得は同じです。

私は参拝の違いというより、気持ちの違いの方があるように思います。私の場合、神社はお願いをする場で、お寺は感謝する場だと捉えています。だからといってお寺で願い事をしてはいけないわけではなく、七福神を祀るお寺も多いので、金運や商売繁盛をお願いしても問題ありません。

お祈りでいうと、神社では祝詞を唱えますが、お寺ではお経を唱えます。宗派によって唱えるお経も異なり、真言宗の場合、真言を唱えると良いとされています。

大日如来や七福神それぞれに真言があり、それを唱えることで神様がうれしくなって近づいて来てくれます。そのときお祈りをすると、ご利益を授かりやすくなります。

●七福神に唱えるご真言

弘法大師空海が日本に伝えた真言とは、大日経などの密教の経典に由来するもので、宇宙の真理を表す「真実の言葉」という意です。それは、仏の言葉を意味しています。真言は音が重要とされ、古代インドでは重要な呪文として唱えられてきました。真言を唱えることで、仏や七福神に願いを直接届けられるとされています。

恵比須（商売繁盛、五穀豊穣など）
オン インダラヤ ソワカ

大黒天（出世開運、商売繁盛、良縁など）
オン マカキャラヤ ソワカ

弁財天（財運、諸芸上達、学業成就、縁結びなど）
オン ソラソバテイエイ ソワカ

毘沙門天（厄除け、家内安全、福徳、勝運など）
オン ベイシラ マンダヤ ソワカ

布袋尊（笑門福来、健康長寿、家庭円満、商売繁盛など）
オン マイタレイヤ ソワカ

寿老人（延命長寿、諸病平癒など）
オン バサラ ユセイ ソワカ（ウン ヌン シキ ソワカ）

福禄寿（延命長寿、立身出世など）
オン マカシリ ソワカ（ウン ヌン シキ ソワカ）

七福神だけでなく、釈迦如来、弥勒菩薩、薬師如来など、それぞれに真言があるので、参拝前にチェックしておくといいでしょう。

第2章

さぁ！願いを叶える
パワースポットへ
出かけよう

龍の力を借りて、願いよ、天まで届け

龍神杉(りゅうじんすぎ)

世界自然遺産の屋久島でも、知る人ぞ知る
神域とされる、龍神杉に会いに行きました！

まずは右手から悪い気を吸い取ってもらい、浄化します。

龍神杉と共に、大きな空洞が特徴の風神杉もあります。

天高くそびえる龍神杉に神様が降りてくる

屋久島といえば縄文杉が有名ですが、知る人ぞ知る神域とされるのが、今回、私が会いに行った「龍神杉」です。

神社では巨木をご神木としていますが、それは神様が大きな木から降りてくるものだからです。中でも杉は、天高く成長するので神様が降りてきやすい。だからご神木とされることも多いのです。

樹齢２０００年という龍神杉のような巨木は、人の悪い気を吸い取り、良い気を送ってくれます。気は右手から出ていき、左手から入ってくるものなので、まず右手で邪気を祓い、左手から良い気をもらうといいでしょう。

龍神杉にお祈りしたとき、自分の願いが天とつながったような思いでした。龍の力を借りて、願いが早く天に届くことを祈ります。

こちらが大きなコブが特徴の雷神杉です。

無心で歩き続けた龍神杉への山道

龍神杉に至る道は、2007年に開放されたわりと新しい登山道ですが、もともと昔の岳(たけ)参り(まい)の参道で、ひと気もなく神秘的な雰囲気が漂い、気軽に登れる雰囲気ではありません。

ゴールは縄文杉より少し低い所にあるのですが、道の段差が激しく、縄文杉のコースより大変だという人もいるほど。覚悟しながらも、それは想像以上に過酷な道のりでした。往復12時間の道中をお伝えします。

屋久島は「ひと月のうち35日は雨が降る」と言われるほど雨の多い島です。しかも山は必ずといっていいほど雨が降るという話です。しかし、運良く天候に恵まれ、私たちは意気揚々と出発しました。

最初のうちは自然を眺める余裕もあったのですが、しばらく歩くとシャワーを浴びたように全身汗だくになりながら、無言で歩き続けました。

歩きやすいフラットな道は最初のうちだけで、その後はとにかく段差が激しく、一歩一歩が本当に重い……。ちょっとでも考え事をして気が逸れると、よけいにキツくなるような感じで、おのずと無心にならざるをえない状況です。

私は疲労困憊しながらもまだ大丈夫でしたが、重たいカメラバッグを持ったカメラマンは顔面蒼白になり、途中で棄権してもおかしくない様子です。そのため少し歩いては立ち止まるのですが、休むと意識が入ってきて、かえって苦しさが増します。心配して振り返ると、魂が抜けていくような表情をしていて、あの瞬間、彼は解脱したかもしれません(笑)。

もう少しで龍神杉という辺

ついに辿り着いた龍神杉！笑顔を見せていますが実際はヘロヘロです。

りが急峻な道になっていて、一番の難所でした。そこを気力でなんとか登りきると、神聖な雰囲気の森に一変します。

そこには雷神杉、風神杉、そして龍神杉の「三神杉」が、私たちを待ちかまえるように静かに佇んでいました。

それは、ただただ圧倒される大きさです。樹齢2000年もの木が育つということは、その土地の〝気〟が良いということ。龍神杉のそばに近づいてみると、大地に溜まった気が立ち昇ってくるのを感じます。

なぜ屋久杉があれだけ大きくなるのか地元の人に聞いたところ、屋久島は岩の島で、土壌が乏しく水を頼りにゆっくりと多くの樹脂を蓄えながら成長したのだそう。そして、屋久島の高山は1500万年以上も前に花崗岩が隆起してできたもので、花崗岩には石英が多分に含まれているという話でした。石英は水晶と同じ質のものなので、水晶と同じパワーがあるのかもしれません。

それを聞いたときは実感できなかったのですが、ここへ来てわかる気がしました。土も何もない岩に根を張った屋久杉があり、まるで岩からエネルギーを吸収しているように見えました。

険しい山登りによって無心になり、自然の中に身を置き、心を鎮めて龍神杉に祈ったとき、私の中に新たな気付きと夢が芽生えるのを感じました。

※龍神杉に行かれる場合は、必ずガイドに案内してもらうようにしましょう。非常に厳しい山道ですので、ガイドの指示に従い、装備をきちんとした上で安全に行ってください。　㈲屋久島観光協会　☎0997-46-2333

マイナスイオンと滝のエネルギーでリフレッシュ

大川の滝（おおこのたき）

屋久島最大の滝である「大川の滝」で
心と体を休め、自然と一体化してきました。

大川の滝は二股になっているのが特徴です。

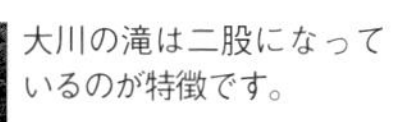

豪快な滝のそばに佇み自然と一体化

落差88メートルという大川の滝は、「日本の滝百選」にも選ばれている屋久島で一番大きな滝です。

雨量の多い屋久島ですから、断崖から大量の水が流れ落ちる様は壮観のひと言。豪快な水しぶきで辺りはマイナスイオンで満たされ、心も体も癒やされていくのを感じます。

滝は清浄な場所です。滝行がまさにそうですが、自分の邪気を水で洗い流し、穢れを祓いながら自然と一体化することができます。

そうした場所で瞑想をすると、自然の息吹を感じやすくなり、それが開運にもつながっていきます。仕事や人間関係のストレスで自分の中に悪い気が溜まっているのを感じたら、滝に行って洗い流すことを意識すると、気持ちがスッキリするのでおすすめです。

大川の滝は、滝つぼの間近まで行くことができるので、自然のエネルギーを感じるには絶好の場所です。私は滝周辺の岩盤からもエネルギーが放たれているのを感じました。

大川の滝の岩盤は、ホルンフェルスという地質で、これは精神力を高めたり、ポジティブな気持ちにしてくれるパワーストーンとして知られています。岩に触れているだけでも良い効果が得られるような気持ちがします。

私は滝で心と体をリフレッシュしてから、ふんだんにパワーストーンが入った岩の上で横になることにしました。

寝ると岩と体が触れる面が大きくなるので、より岩を感じることができます。私は頭の後ろから、ググーッと波動が入ってくるのを感じました。

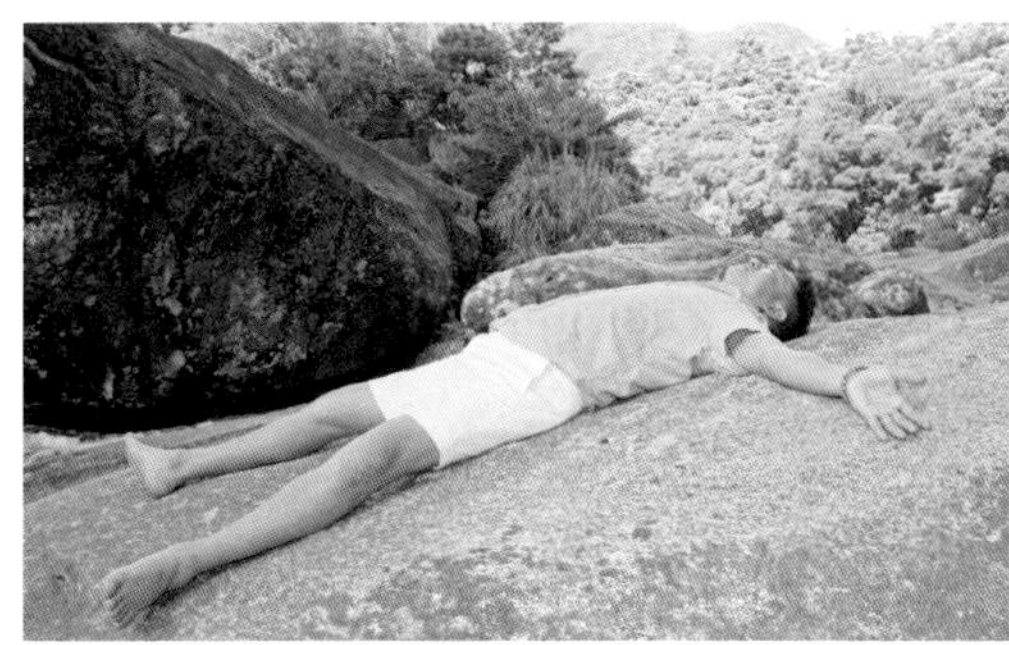

大の字になって体全体で岩を感じます。

滝つぼまで歩いて行けます。近くに「大川湧水」も湧き出ています。

海中から源泉が湧き出る屋久島の秘湯を満喫！

平内海中温泉（ひらうちかいちゅうおんせん）

海から湧き出る日本でも珍しい温泉です。

海と温泉が同時に楽しめて、まさに極楽！

海中から湧き出る珍しい温泉を満喫

吉方位の旅に行くときは、地元の温泉につかり、その地域で生産された地のものをいただくのがレオン流です。

普通の観光旅行と同じじゃないか？ と思われるかもしれませんが、そうなんです。何か特別変わったことをしているわけでもありません。

要は、その土地の〝気〟を含んだ水を持ち帰る「お水取り」と同じことで、温泉や地のものから、その土地の気をもらうことで、方位の開運効果はより強くなります。それを意識して旅先で行動しているということです。

今回の旅では世界自然遺産・屋久島の良い気をたっぷりいただくことができました。なにしろ宿泊した場所から歩いて2分のところに屋久島の秘湯「平内海中温泉」があったのです。ただし、1日2回の干潮時の前後2時間だけ入浴できるという日本でも珍しい温泉なので、いつでも入れるというわけではありません。

ここは昔から地元の人に親しまれ、コミュニケーションの場所にもなっています。海中から湧く源泉は46・5度と高めですが、海水が入ってきます。露天なので日光浴や

屋久島の自然

島内最大の樹齢300年を超えるガジュマルです。

こちらがヤクシカ。
本土の鹿より小型です。

ハイビスカスの色がとても鮮やかでした。

ヤクシマザルに遭遇！

台風などの大波が来るので、脱衣所等の 建造物のない天然の海岸になっています。男女混浴なので、男女ともタオルなど着用の上、入浴のこと。水着不可。入浴協力金200円。

亀の甲羅のようにひび割れた亀石。屋久島では縁起物として庭先に飾る習慣があります。

旬の地魚や野菜が味わえる料理店「PANORAMA」で食べたお刺身は絶品！

月光浴もでき、満天の星空も見えるという、良い気が集まる場所です。疲れた体が、一気によみがえるような気分でした。

世界遺産・屋久島は自然の恵みの宝庫

　屋久島で食べた地のものでは、新鮮な魚介を堪能しました。なかでもお刺身が最高に美味しかったです。また、屋久島は「薬島」とも言われる薬草の宝庫。私が今回泊まった宿泊施設「薬香草園サンクチュアリ」では薬草を育てていて、採れたての薬草を使った料理を出してくれました。

　やはり鮮度が高い食材のほうが、含まれる気も濃くなります。日が経つにつれ気も薄まるので、旅行に行ったらその場で地のものを食べたほうがいいわけです。温泉にしても同様で、温泉成分は同じでも、源泉かけ流しの方がより気も高くなります。

　この世界自然遺産の雄大な自然を眺めて、山や海や川が伝えてくれることに、自分なりに耳を傾けてみましょう。

　南洋植物や野生動物を眺めるのも楽しみのひとつで、屋久島には固有亜種のヤクシマザルとヤクシカが多数生息しています。至るところで見かけられ、ごく稀に鹿に猿が乗っていることがあるそうです。鹿は神様の使いとされますから、鹿を見るだけでもラッキーですが、鹿に乗った猿を見ることができたら、それこそ奇跡です。

　世界自然遺産の豊かな自然に触れることで、自分の内側からパワーが湧いてくるのを感じた屋久島旅行でした。

登山安全

屋久島

ますます救ってくれる
屋久島の守り神

益救神社（やくじんじゃ）

屋久島では、もっとも地元の人から厚く信仰されている神社です。

もともと九州最高峰の宮之浦岳を祀っていたとされ、山頂には奥宮があります。龍神杉の登山道も、かつては「益救参道」という岳参りの参道でした。そのため山に登るときは、益救神社で登山の安全を祈願すると良いとされています。私も龍神杉に行く前に道中の安全を祈りました。そのご利益で雨に降られなかったのかもしれません。

益救神社は、「益々救う」という意味があり、昔から「救いの宮」として親しまれています。屋久島に来たら、まず最初にご挨拶に行くのが良いでしょう。そして屋久島での旅行中、安全に楽しく過ごせるよう祈願し、屋久島の大自然に敬意を払って過ごすようにしましょう。

木下レオンここだけの話

屋久島では益救神社で登山と海の安全を祈願してから旅行を楽しんでほしいと思います。私が挑戦した龍神杉への道のりにしても、本来は岳参りの参道ですから、まず益救神社にご挨拶をして、登山の安全を祈願してから登るのが礼儀です。登山中も神域を汚さないようにマナーを守ることを心掛けてください。また、観光地として整備されているわけではないので、地元のガイドをお願いし、安全を期した上で登山してください。

益救神社の由来

創建年代は不詳ですが、平安時代の927年に編纂された「延喜式神名帳」に社名が記載されていることからも、1000年以上の歴史を有しています。天照大御神の曽孫にあたる天津彦彦火火出見尊（山幸彦）を主祭神とし、山・海の神々7柱を御祭神としています。

屋久島は古くから航海者たちの重要な目印であり、水や食料を補給する寄港地でした。そうした島の役割から「益々（ますます）救われますように」という願いを込めて「益救」の文字があてられたと考えられています。もともと宮之浦岳・永田岳・栗生岳を祀っていたことから、登山のお守りを授かることができます。

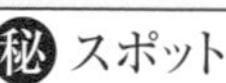

本殿にて登山の安全と方位除けを祈願しつつ、さらにはこの本の成功も祈願しました。ご利益があるといいのですが。

「益救之水」の自動販売機です。お水取り代わりにどうぞ。

ご祭神

・天津彦彦火火出見尊（あまつひこひこほほでみのみこと）
・大山祇尊（おおやまずみのみこと）
・木花開耶姫尊（このはなさくやひめのみこと）
・塩土翁尊（しおつちのおきなのみこと）・豊玉彦尊（とよたまひこのみこと）
・豊玉姫尊（とよたまひめのみこと）・玉依姫尊（たまよりひめのみこと）

ご利益

・航海安全・登山安全・子宝・安産・家庭円満・五穀豊穣・豊漁・商売繁盛・縁結び・諸願成就など

DATA
住 鹿児島県熊毛郡屋久島町宮之浦277
拝 参拝時間：自由
交 屋久島空港より車で約15分。宮之浦港より徒歩で約12分

屋久島

登山の前に安全祈願する山岳信仰の聖地

牛床詣所（うしどこもいしょ）

屋久島の山岳信仰における聖地として、宮之浦集落の「岳参り」の拠点だった神社です。里とご神域の境界であり、山のご神域へ入ることの許可をいただき、岳参りの無事を祈る場所です。普段はここから山の神様へ祈りを捧げる場でもあります。

ひっそりとした森に苔むした石塔が並ぶ光景は、映画『千と千尋の神隠し』にそっくりだと評判です。

DATA
住 鹿児島県熊毛郡屋久島町宮之浦2204
※非常にわかりにくい場所にあるため
ガイドや地元の人に尋ねて行きましょう。

木下レオンここだけの話

龍神杉に行く当日は、日が昇る前の4時に出発し、牛床詣所で登山の無事を祈願しました。山岳信仰をしていた昔の人は、まずここで神様から山に入る許しをもらい、筋道を通してから登山をしていました。いわば山にご挨拶する場所です。

牛床詣所の由来

山岳信仰の重要な行事であった「岳参り」の際、家族が山に詣でた男たちを出迎えた場所です。かつて岳参りは女人禁制であったため、女性や子どもたちは詣所から御岳を拝み、里における信仰の聖地でした。疫病退散や大漁祈願、安全祈願などさまざまな石塔が60余基奉納され、民俗的・宗教的に貴重な史跡となっています。

「薬香草園サンクチュアリ」宮司さんが営む会員制の研修型施設

私が屋久島を旅するきっかけとなったのが、この施設のオーナーである兼子好恵さんとのご縁でした。口永良部島の金峯神社で宮司をされていて、2018年に会員制の研修型施設「薬香草園サンクチュアリ」をオープンされました。

兼子宮司が小さな鎌一本から始めた農園では、薬草や果樹が育てられ、養蜂も行われています。地球上のすべての生き物に対する理解が深まるようにと始められた施設です。自然とともに生きていくこと、命の大切さや、普段は聞けない神様のお話など、兼子宮司が教えてくださいます。

サンクチュアリとは「聖域」、神聖な場所という意味。命とは何かをあらためて気付かされ、しっかりと自分を見つめ直す場所なのです。

こちらに泊まらせていただき、兼子宮司のお話を聞くことで、私自身、心が洗われ、大きな気付きを得ることができたように思います。

施設のオーナー
兼子好恵さん

毎朝、兼子さんが祝詞をあげてくれます。

「サンクチュアリ」では新鮮な果物や野菜の菜食です。

絵馬をいただき、自分の願いを書いて祈願します。

8月はじめには高砂ユリの花が咲きます。

DATA
住 鹿児島県熊毛郡屋久島町平内
交 安房港より車で約28分。
屋久島空港よりバスで約1時間。西開墾バス停から徒歩2分。研修体験費としてお一人様1泊1万円(2名まで)
※男性1名は不可となります。女性1名はOK。
宿泊、朝の祝詞、お食事(朝・夜)、ワークショップ(植物レクチャー・野草料理・薬香草園と養蜂体験)
※季節によって体験の内容が変わります。詳細はお問い合わせください。
問 金峯神社社務所　0997-49-2055
※ここでは小さな虫の命も奪う事のないよう配慮しています。

北海道

函館八幡宮（はこだてはちまんぐう）

始まりのパワーを持った北の守り神

江戸時代の北海道開拓史と深い関わりを持つ函館八幡宮は、品陀和気命（ほんだわけのみこと）をご祭神としています。これは第15代・応神天皇のことで、「八幡神」として神格化されています。源氏の信仰を集めた武運の神様ですから、勝負運や合格祈願のご利益があります。

函館八幡宮は、毎年10万人もの人が訪れる盛大な初詣で知られています。元旦には純金の縁起物引換券が含まれた「幸福みくじ」が授与され、1月2日には、どさんこ馬が参道の石段を駆け上がる勇壮な「新年騎馬参拝」が行われます。ここで初詣をすれば、幸運と突破力のパワーがいただけそうです。

木下レオンここだけの話

北海道は多くの人にとって北の方位です。私が北海道を旅行したのも、まさに北の方位のパワーを得ることが目的でした。北には「スタート」の力があります。北へ行くことで、人生の転機となるような新たなことが始まるわけですが、まれに半年から1年はきつい思いをすることもある。それを乗り越えると運気が好調になっていきます。だから勝負運や合格祈願のご利益がある函館八幡宮は、始まりの方位にふさわしい神社なのです。

函館八幡宮の由来

文安2年（1445年）、亀田郡の領守であった河野政通が函館に館を築く際、東南の隅に八幡神を祀ったことが始まりとされています。永正9年（1512年）に河野氏は蝦夷に攻め落とされ、一族は八幡神を奉じて逃れました。その後、河野氏一族の巫女・伊知女が河野館跡地に八幡宮を戻しました。寛政11年（1799年）、幕府は東蝦夷を直轄領とし、函館奉行所を置くに至り、文化元年（1804年）に幕府の費用で会所町（現・函館市元町北東部）に社殿を造営し、蝦夷地総社として崇敬しました。明治4年（1871年）に社殿が焼失したため、現在地に社殿を造営し、今に至ります。

運気が上がる㊙スポット

聖帝造りといわれる優雅な佇まいの社殿です。函館山の雄大なエネルギーがこの神社に集まってくるのを感じます。ちなみに函館山から眺める夜景は、日本三大夜景の一つです。

境内の「勾玉の池」は絶滅危惧種エゾヒキガエルの産卵場所です。カエルにちなんだお守りもあります。

写真協力：函館八幡宮

ご祭神

- 品陀和気命（ほんだわけのみこと）
- 住吉大神（すみよしのおおかみ）
- 金刀比羅大神（ことひらおおかみ）

ご利益

・商売繁盛・開運招福・海上安全・合格祈願・勝負運・金運・縁結び・子授け・子孫繁栄・無病息災・交通安全・厄払いなど

DATA

住 北海道函館市谷地頭町2-5

拝 参拝時間：自由

交 宝来・谷地頭線「谷地頭駅」より徒歩約9分。JR「函館駅」より車で約11分

山形県

自分を見つめ直す
修験道の山岳霊場

出羽三山神社（でわさんざんじんじゃ）

出羽三山は古来、修験道の一大霊場として知られ、羽黒山（はぐろさん）、月山（がっさん）、湯殿山（ゆどのさん）のそれぞれに本宮があります。この地に伝わる修験道では、「羽黒山で現世利益を得て、月山で死を疑似体験し、湯殿山で生まれ変わる」という信仰があり、本来はこの順で参拝するのがベストです。自分を見つめ直す絶好の機会になるはず。

ただし、月山と湯殿山は開山期間が限られているので、羽黒山頂の三神合祭殿に三神が祀られています。忙しい現代人が三山を一気に巡るのは難しいので、三山を参詣したことになるのは実にありがたいこと。できれば日をあらためて月山登山に挑戦しましょう。

木下レオンここだけの話

湯殿山神社本宮には社殿がありません。これは山そのものを神とする信仰によるもので、さすが霊場だけあって大地から清浄な気が放たれているのを感じます。湯殿山には昔から「語るなかれ、聞くなかれ」という習わしがあり、写真撮影も口外も禁じられています。なので私も語りませんが、ご神体が何であるかを知ったら、きっと驚くはず。松尾芭蕉が「語られぬ 湯殿にぬらす 袂かな」という句を残していますが、これがヒントです。

出羽三山神社の由来

「出羽三山」とは、羽黒山、月山、湯殿山の3つの山の総称で、日本古来の山岳信仰に仏教、道教、儒教などが習合した「修験道」の山岳霊場です。推古天皇元年（593年）に崇峻（すしゅん）天皇の皇子・蜂子皇子（はちこのおうじ）がこの地で修行し、羽黒山頂に祠を創建し、次いで月山、湯殿山を開山したのが始まりとされます。その後、役ノ行者（えんのぎょうじゃ）、空海、最澄らが修行を積んだと伝えられ、「八宗兼学（はっしゅうけんがく）の山」として栄えました。

標高1984メートルの月山山頂には月山神社本宮、標高1500メートルの湯殿山の中腹には湯殿山神社本宮が鎮座し、冬季の参拝ができないため、羽黒山の三神合祭殿に三山の神々を合祭しています。

運気が上がる㊙スポット

羽黒山、月山、湯殿山の三神が祀られた「三神合祭殿」です。出羽三山では唯一、冬でも参拝可能な神社で、鶴岡市内からもそれほど遠くありません。こちらで現世利益をいただきましょう。

3時間ほど登山してたどり着く月山山頂には、月山神社本宮が鎮座します。秋田県との県境にまたがる鳥海山まで望む絶景は、まさに修験道の聖地！

写真協力：出羽三山神社

ご祭神

（出羽神社）
・伊氐波神（いではのかみ）・稲倉魂命（うかのみたまのみこと）

（月山神社）・月読命（つきよみのみこと）

（湯殿山神社）
・大山祇命（おおやまつみのみこと）・大己貴命（おおなむちのみこと）
・少彦名命（すくなひこなのみこと）

ご利益

・心願成就・心身清浄・五穀豊穣・大漁満足・身体堅固・開運招福・交通安全・家内安全・縁結び・合格祈願・学業成就・疫病退散など

DATA

住 山形県鶴岡市羽黒町手向字手向7

拝 参拝時間：自由
【湯殿山神社本宮】開山は6月1日〜11月上旬まで
【月山神社本宮】開山は7〜8月の夏期間のみ。※その年の開山期間をご確認ください。

交 JR「鶴岡駅」より車で約25分。湯殿山ICより車で約32分

塩の神様を祀る東北随一の古社

宮城県

鹽竈神社（しおがまじんじゃ）

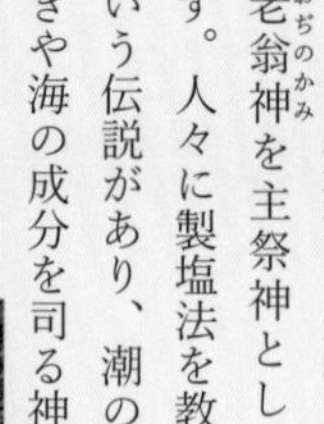

伊達政宗が大神主を務めていたこともある陸奥国一之宮で、日本神話に登場する鹽土老翁神（しおつちおぢのかみ）を主祭神としています。人々に製塩法を教えたという伝説があり、潮の満ち引きや海の成分を司る神様とされ、人の生死が潮の満ち引きを思わせることや、海が「産み」に通じることから、安産や長寿のご利益があります。

とても風変わりな神社で、普通は正面奥の本殿に主祭神が祀られるものですが、鹽竈神社では、その途中の右手にある「別宮拝殿」に鹽土老翁神が祀られています。この神社にとって別宮とは「スペシャルな」という意味。まずは別宮から参拝しましょう。

木下レオンここだけの話

鹽竈神社の名物が、急こう配の石段が202段続く表参道「男坂」です。運気を上げるべく男坂を一気に駆け上がるのもいいですが、私はもう一つの裏参道「七曲坂」をお薦めしたい。気づかなければ見落としそうな場所にある未舗装の道で、文字通り曲がりくねった坂道です。実はこの道こそが、鹽土老翁神が通った最古の参道とされ、塩の神様の道として、心身清浄のご利益があります。森の中の静寂が、心を清めてくれるでしょう。

鹽竈神社の由来

創建年は不詳ですが、起源は奈良時代以前とされ、平安時代初期の文献に登場したのが初見となります。中世以降は陸奥国一之宮として奥州藤原氏や武家領主から厚く信仰されました。江戸時代に入ると、伊達家から厚く崇敬され、伊達政宗以降の歴代の藩主が大神主を務めました。主祭神は『古事記』『日本書紀』の海幸彦（うみさちひこ）・山幸彦（やまさちひこ）の説話に登場する鹽土老翁神です。社伝によれば、東北地方を平定する役目を担った鹿島・香取の神に道案内をしたのが鹽土老翁神とされ、その後、鹽土老翁神はこの地に残り、人々に製塩法を教えたと伝わり、塩釜の地名の由来となっています。

運気が上がるスポット

正面奥の本殿は、拝殿が左右に2つあるという非常に珍しい作りで、左宮には武甕槌神（たけみかづちのかみ）、右宮には経津主神（ふつぬしのかみ）が祀られています。この二神が東北地方を平定する役割を担ったといいます。

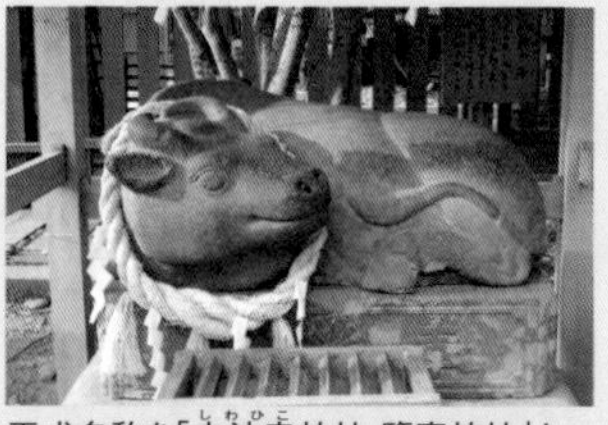

正式名称を「志波彦神社・鹽竈神社」といい、境内に2つの神社があります。志波彦神社に行く途中にある「撫で牛」を撫でると商売繁盛！

写真協力：鹽竈神社

ご祭神

- 鹽土老翁神（しおつちおぢのかみ）
- 武甕槌神（たけみかづちのかみ）
- 経津主神（ふつぬしのかみ）
- 志波彦大神（しわひこおおみかみ）（志波彦神社）

ご利益

・安産・延命長寿、海上安全・大漁満足・商売繁盛・勝負運・必勝祈願・合格祈願・心身清浄・厄除け・方位除けなど

DATA

住 宮城県塩竈市一森山1-1

拝 5:00～18:00（11～2月は17:00閉門）

交 JR「本塩釜駅」より徒歩約15分（東参道までの場合は、徒歩約7分）

秋田県

縄文時代の人々が祈りを捧げた聖地

大湯ストーンサークル

祈りの場は神社やお寺だけとは限りません。はるか太古の昔から人々は祈りを捧げてきました。そのことを感じさせるのが、このほど世界文化遺産に登録された秋田県の大湯ストーンサークルです。

全国には176カ所のストーンサークルがあり、そのうち74カ所が秋田県に集中しています。中でも大湯ストーンサークルは縄文時代最大級の遺構で、集団墓であり祭祀の場でもあったと考えられています。太古の人々にとって死者を祀る場所は、再生を願う神聖な場所だったはず。ここで祈りを捧げれば、時空を超えた大いなる気づきが得られるかもしれません。

木下レオンここだけの話

太古の人々は、現代人には失われてしまったスピリチュアルな能力を持っていたと思うのです。きっと彼らは大地から“気”のパワーを感じ取り、ストーンサークルを作って聖地としたのでしょう。大湯ストーンサークルで使われた7200個以上の石の95%が淡い緑色の石で、わざわざ5～6キロ離れた川から運ばれています。彼らにとって緑は神聖な色だったのかもしれません。そんな古代ロマンが掻き立てられるパワースポットです。

大湯ストーンサークルの由来

秋田県鹿角市にある「大湯ストーンサークル」こと「大湯環状列石」は、昭和31年に日本のストーンサークルとして特別史跡に選ばれた第1号となります。最大径52メートルの「万座環状列石」と、最大径44メートルの「野中堂環状列石」の2つのストーンサークルを主体とした大規模な遺構であり、作られたのは縄文時代後期の約4000年前と考えられています。発掘調査では、たくさんの遺構と共に多量の縄文土器、石器なども出土しています。2021年7月27日に「大湯環状列石」を含む「北海道・北東北の縄文遺跡群」が世界文化遺産に登録され、注目が集まっています。

運気が上がる㊙スポット

万座ストーンサークルの北西側には、五本柱とそれを囲むウッドサークルが建っています。中心に火を焚いた跡が見つかっているので、祭祀の場だったとも考えられています。

大湯ストーンサークル館では、多数の出土品を展示し、ジオラマで当時の生活を再現しています。見学時のガイドもお願いできます。

写真協力：大湯ストーンサークル館

DATA

住 秋田県鹿角市十和田大湯万座45

営 9:00～18:00（11月1日～3月31日は16:00閉館）

交 JR「十和田南駅」より車で約10分

木下レオン 旅の思い出コラム その1 ～伊勢神宮～

日本一の神様にひたすら謝った厄払い

吉方位は開運法なので、厄落としにはなりません。厄払いをしたいとき私は、吉方位で考えるより、厄払いが得意な神様や魔を祓ってくれる神様に会いに行くようにしています。特に本厄の厄払いは重要です。私が本厄にあたる41歳（数え年で42歳）のとき、それを思い知る出来事がありました。

会社経営では大きなトラブルがあり、健康面では体調を崩し、何もかもが悪い方向に転がっていく。いろんな出来事が一気にのしかかってきて、本気で私の人生はこのまま終わる――と追い詰められていました。

帝王占術の占いでも50年に一度の厄が全部重なると出ていて、「これはちゃんと厄払いをせんといかん」とあらためて実感したのです。

悪いことが重なった背景には、私自身がちょっと天狗になっていたこともあったと思います。私は若い頃から神社やお寺でお祈りしていましたが、福岡で開業した飲食店が成功してからは、忙しかったこともあって神社やお寺から遠ざかっていました。

私はこれまで心から祈願してきたからこそ、福岡でも最高の立地に店舗を構えることができたし、占い師として活躍できるようにもなったと思っています。ところが、仕事が忙しくなったことで、神社やお寺に頻繁に通えなくなってしまったのです。神様に祈ってはいたけれど、以前のような熱い祈りではなかったのかもしれないと思い、厄がのしかかってきたのも、それが原因のように思えたのです。厄払いをしようと考えたとき、あらためてそのことに気付かされ、本気で神様に謝りたいと思いました。

そこで私が選んだのが、若い頃からたびたび参拝し、もっとも強いパワーを感じていた伊勢神宮です。厄払いで有名な神社やお寺はありますが、これだけ強力な厄を落とすには、日本一の神様である天照大御神様にお祈りすべきだと考えたのです。

こうして私は福岡から伊勢に向かい、天照大御神様をご祭神とする伊勢神宮内宮を参拝しました。切羽詰まった状況ですから、以前参拝したときとは思いが違います。

いつもだったら心願成就をお祈りするところですが、このとき私は土下座で参拝し、すがるような思いで「ごめんなさい」とひたすら謝りました。

奇異に思われるかもしれませんが、タイやミャンマーでは座って参拝するのが一般的なことで、むしろ心から祈りたいときは地面にひれ伏すものだと考えられています。それにならって私も心から祈りたいときは土下座で参拝します。しかも今回の参拝は謝罪が目的ですから、土下座することが私にとって自然だったのです。

「もう良くなりたいということは言いません。神様の力を借りるのではなく、自分の力でなんとかしますから、今一度、本気で祈らせてください」

とにかく正直な気持ちで私は祈りました。

参拝後、厄払いのご祈祷をしてもらったのですが、自分の中でけじめがついたような気がして、晴れやかな気持ちになったのを今でも思い出します。

その後、私は海外の吉方位にご縁があり、ベトナム、タイ、スリランカなどの国々へ開運旅行をするようになりました。アジアの仏閣を巡ったり、ベトナムの温泉を案内してもらったりして現地の人々と親しくするうちに、徐々に仏教と縁ができていったのです。

こうした流れがあって、私はお寺で得度を受けることにしたのですが、私の中では、伊勢神宮からすべてつながっているように感じられ、迷いはありませんでした。

得度を受けてからは、6時間にわたってお経を唱えたり、滝行をしたりといった日々を送るようになり、これまで以上に真剣に祈るようになりました。それは、私にとって、伊勢神宮からいただいた役割なのだと感じています。

私は神様に何かを願うというより、「役割をいただく」と考えるようにしています。「役割」というのは、願い事と違って必ずしも楽しいことだけではありません。

それこそ厳しい修行の日々を送る役割かもしれないし、テレビに出演してより多くの人にメッセージを伝えることが役割かもしれない。そこには、やり続ける忍耐力や、プレッシャーに耐える精神力が求められ、ときには辛いこともあります。そうした苦労も引き受ける覚悟を持つことが、「役割をいただく」ことだと思っています。

古代の人々の聖地でもあった黄金のパワースポット

宮地嶽神社（みやじだけじんじゃ）

20代の頃から本当に祈願したいときに
参拝していた思い出の宮地嶽神社へ！

3つの日本一がある
願いが叶う神社

宮地嶽神社は、商売繁昌と開運のご利益で知られる九州有数のパワースポットです。数々の日本一がある神社ですが、特に私がすごいと思うのは大しめ縄です。直径2・6メートル、長さ11メートル、重さ3トンという巨大なしめ縄で、毎年かけ替えられているものとしては日本一です。

しめ縄には内側が神域であることを示す魔除けの意味があり、神様の近くに掲げられるものです。それゆえ、しめ縄には参拝した方の願いが詰

まっています。その願いが叶うようにと、神社では1年ごとに祈願して納めているそうです。

さらにこの神社には、数キロメートル離れたところまで音が届くという日本一の大太鼓や、重さ450キログラムもある日本一の大鈴があり、とにかくスケールが大きいのです。ご利益にしても、九州でも指折りの願いが叶いやすい神社として評判です。

私は20年ほど前から本当に祈願したいことがあるときに参拝しているのですが、20年前と今とでは、祈りの内容がまったく違うことに気付かされました。昔は正直、自分のことしか祈っていなかったと思います。でも今は、人のために心を込めて祈るようになりました。

奥之宮八社・三番社の不動神社の前で合掌。

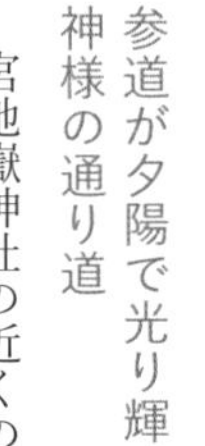

参道が夕陽で光り輝く神様の通り道

宮地嶽神社の近くの海の沖合に相島という島が見えます。2月と10月に相島に夕陽が落ちると、参道が黄金色に輝く「光の道」が現れます。宮地嶽神社では、夕日と参道が一直線に重なる瞬間ということで、春と秋には「夕陽の祭り」が行われています。西の方位は「西方浄土」といいますから、昔の人もそれをわかって神社と参道を設計したのだと思います。

相島は安曇族という海人族の人々の聖地とされ、島には古墳群があります。それが宮地嶽神社の古い歴史とも関わっているようなのです。

宮地嶽神社・奥之宮八社の三番社である不動神社は、これまた日本一の大きさを誇る横穴式石室古墳であります。その古墳周辺から太刀や金銅の鐙（あぶみ）など約３００点が出土し、そのうち20点が国宝に指定されています。そして、不動神社の石質と相島の古墳の石質がまったく同じだったそうです。ということは、もともとこの場所は、安曇族の聖地でもあったと推測されるのです。

相島から強い気が届いているように感じていたのですが、それを知って、やはり神様が通る道だと実感しました。その参道がキラキラと黄金色に輝く「光の道」を見ることができた人は、最高のご利益を得ることができるのだろうと思います。

「光の道」で有名な一直線の参道。

奥之宮八社の三番社・不動神社は、日本で唯一の横穴式石室古墳の中にあります。そんな歴史的に貴重な場所に、私が信仰するお不動さんが祀られ、実にありがたいです。

奥之宮八社の一番社・七福神社では、七福神すべてを祀っているので、さまざまなご利益を一気に授かれます。さらに八社をすべて参拝すると大願が叶うとされています。

奥之宮八社巡りでは順にスタンプを集めるのが人気ですが、今はコロナ禍で中止しているそう。私は記念に七福神社の特別色紙を授与していただきました！

おみくじは、自分に照らし合わせながら読みます。

境内の後ろに広がる緑の風景も美しく、澄んだ空気が広がります。

木下レオンここだけの話

宮地嶽神社のおみくじでは、「今は自分らしくないやり方をしているだろうから、もう少し楽しんで仕事をしなさい。そうしないと疲れてしまいます」といったお言葉をいただきました。たしかに最近の私は、前へ前へと進み過ぎて疲れを感じていたので、まさにそのことを指摘された思いです。

さらにおみくじでは、「前にばかり進んでも意味がない。自分らしく、コツコツやることも頭に入れて行動しなさい」と書かれていました。この2年くらい自分一人で頑張りすぎていたので、ちょっと見直した方がいいのかな、と思いましたね。こんなふうに、メッセージを理解して、自分なりに行動に移すことが、おみくじに対する心がまえです。

宮地嶽神社の由来

今から約1700年前に創建され、ご祭神の息長足比売命とは、神功皇后の別名です。神功皇后が渡韓の際にこの地に滞在し、宮地嶽山頂に祭壇を祀って開運と航海の無事を祈願したとされます。その後、神功皇后を主祭神とし、渡韓に随従した勝村・勝頼大神と併せて「宮地嶽三柱大神」として祀られ、全国に鎮座する宮地嶽神社の総本宮となります。本殿の他に七福神社、不動神社、恋の宮など「奥之宮八社」があり、八社を巡ると大願が叶うとされています。また、2月と10月に参道の先にある相島に夕陽が沈み、参道が光り輝く様子が「光の道」として人気を集めています。

福岡

宮地嶽神社（みやじだけじんじゃ）

ご祭神

・息長足比売命（おきながたらしひめのみこと）（神功皇后（じんぐうこうごう））
・勝村大神（かつむらのおおかみ）
・勝頼大神（かつよりのおおかみ）

ご利益

・商売繁昌・金運・開運・必勝祈願・縁結び・恋愛成就・安産・子育て・家内安全・五穀豊穣・厄除け・無病息災・病気平癒など

DATA
住 福岡県福津市宮司元町7-1
拝 9:00~17:00
交 JR「福間駅」より徒歩約25分、車で約5分。古賀ICより車で約20分

レジャーランドのように参拝を楽しめる極楽のお寺

南蔵院

世界最大の大きさを誇る釈迦涅槃像で知られる福岡の南蔵院で、極楽浄土を体験！

住職が宝くじを当てた金運のご利益

日本では数少ない釈迦涅槃像ですが、中でも南蔵院の涅槃像は、ブロンズ製では世界最大級の大きさを誇ります。涅槃仏とは、お釈迦様が亡くなる様子を表したもので、極楽往生のご利益があります。これだけ大きいと、ご利益もふんだんにもらえそうです。

全長41メートルという釈迦涅槃像は、体内に入って参拝することができます。中にはミャンマーから寄贈されたお釈迦様の仏舎利（遺骨）が安置されており、本当の意味でお釈迦様に近づける場所です。

そして、なんと言ってもこのお寺のご利益は、金運です。住職がジャンボ宝くじで1億3000万円を当て、これまでに2回高額当せんしているので

まるでお釈迦様のお顔に触れているようです。

す。これも釈迦涅槃像を建てたご利益だと言われています。
長年にわたって住職は東南アジアの子供たちに医薬品や文房具を寄付し、そのお礼としてお釈迦様の仏舎利が寄贈され、それを安置するために釈迦涅槃像を建てました。そうした一連の流れをお釈迦様もわかっていて、ご利益を授けてくれたのでしょう。

仏足には模様が刻まれていて、それぞれ魔除けや不滅の生命力といった意味があります。

巨大な大聖不動明王は
すごい迫力です。

厳かさと楽しさが同居するお寺の理念

　真言宗別格本山の南蔵院ですが、もともとこの地にあったお寺が明治の廃仏毀釈で取り潰されそうになり、地元の人々の嘆願によって高野山から南蔵院が移転されたという歴史があります。

　そのとき現住職の祖父にあたる先々代の住職がこの地にやってきたのですが、篠栗四国八十八箇所（※1）を普及させるために九州で熱心に布教活動をしたそうです。

　現住職の話によると、先々代は幻灯機を使った仏教説話の紙芝居を自作して、筑豊の炭鉱町を回ったそうです。ところが、当時とても高額なものだった幻灯機が盗まれ、お寺の敷地を借金のかたに取られてしまいました。今ではその土地は買い戻され、広大な敷地を有しています。

　楽しんでお釈迦様の教えに触れてほしいという先々代の願いもあり、南蔵院はお年寄りのための仏教レジャーランドを目指しているそうです。

　そのためお年寄りが訪れやすいように駅からバリアフリーにしてあり、境内は七福神トンネルを作ったり、巨大な大聖不動明王像を作るなどして整備され、今では大勢の老若男女が訪れるようになったそうです。ただし、本当にレジャーランドというわけではありませんから、くれぐれもルールと礼儀だけはわきまえるようにしてください。

　大聖不動明王の前にご神木の杉があるのですが、以前に雷が落ちて幹の皮が剥がれたそう。宝くじに2回当たり、雷にも当たり、もはや神がかっているお寺です。

（※1）福岡県糟屋郡篠栗町にある弘法大師を拝する88カ所の霊場の総称。全国からお遍路さんが集まる。

運気が上がる 秘 スポット

雷が落ちたご神木。落雷した木には神様が宿るとされ、雷神様が彫られています。雷のパワーをいただけそうですね。

不動明王をご本尊とする南蔵院奥の院のそばにある「霊水窟」が、もっとも気のパワーを強く感じました。洞窟には山の湧き水があり、飲むこともできます。

南蔵院奥の院の横手に流れる「城戸不動の滝」は滝修行の場で、篠栗霊場（ささぐりれいじょう）発祥の地でもあります。

明治期に高野山からいただいてきた蝋燭の火が、いまだ消えずに大事にされています。自分の干支にろうそくを立ててお参りします。

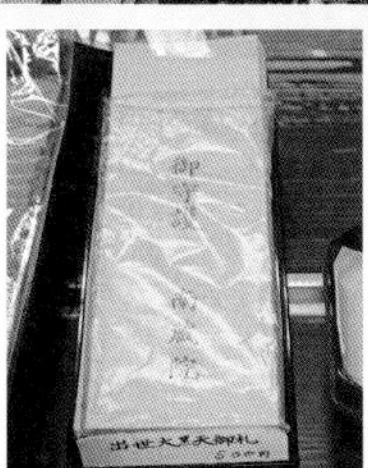

住職が宝くじを大黒天様のお札で巻いておいたところ高額当せんしたということから、大黒堂のそばには宝くじを包む御札が販売されています。

木下レオンここだけの話

神妙な気持ちでお寺に行くのもいいですが、お年寄りに楽しんで参拝してもらうために「仏教のレジャーランドにしたい」という南蔵院の考え方には、すごく共感しました。ところが最近は、娯楽性ばかりに注目が集まってしまい、楽しさだけを求める人が増えてちょっと困っているそうです。

それこそ本末転倒というもので、厄除けや邪気払いのために来ている人も多い霊場ですから、やはりルールと礼儀は大切です。それがないと、いくら参拝してもご利益は得られません。人様に迷惑をかけるようなことをしていると、かえって罰が当たります。ご利益を得るために一番大事なことは、礼儀をもって参拝することなのです。

南蔵院の由来

篠栗四国八十八箇所の第一番札所であり高野山真言宗の別格本山です。明治の廃仏毀釈により霊場廃棄命令が出されたものの地元の人々の十数年にわたる嘆願の末、明治32年に高野山より南蔵院を招致することで存続が認められました。南蔵院移転と共にこの地にやってきた林覚運住職は、篠栗四国八十八箇所の興隆のため、九州各地で熱心な布教を続けました。そして今では日本三大新四国霊場のひとつに数えられています。1995年にブロンズ製では世界最大の釈迦涅槃像が完成し、その後、住職がジャンボ宝くじで1等前後賞1億3000万円に当せんしたことで、金運のご利益があるとされています。

金運 厄除け 健康運

福岡

南蔵院（なんぞういん）

ご本尊

・阿弥陀如来
・釈迦如来

ご利益

・金運・厄除け・宝くじ当選祈願・勝負運・立身出世・家庭円満・恋愛成就・良縁成就・無病息災・病気平癒など

DATA
住 福岡県糟屋郡篠栗町大字篠栗1035
拝 本堂参拝/自由 涅槃像/7:00～16:30
交 JR「城戸南蔵院前駅」より徒歩約3分。福岡ICより車で約15分

縁結びのご利益満載の恋愛パワースポット

宝満宮(ほうまんぐう) 竈門神社(かまどじんじゃ)

福岡では「恋の願いが叶う」と女性から人気の神社で、恋愛と仕事の良縁をお祈りします。

魂と魂を引き寄せる縁結びの神様

福岡では有名な縁結びの神社です。ご祭神の玉依姫命(たまよりひめのみこと)は「魂(玉)と魂を引き寄せる(依)」ということで、男女の縁だけでなく、友人関係や仕事関係など、幅広く縁を結んでくれる神様です。けれど、男女の縁結びで有名な神社ですから、やはり恋愛についてお祈りしてほしいですね。

いくつか縁結びの願いが叶うと評判のスポットがあるのですが、なかでも人気の「愛敬の岩」をご紹介します。

少し離れて2つの岩が並んでいます。手前の岩から目をつぶって歩き、向こうの岩までたどり着けたら恋が叶うという言い伝えがあります。一度でたどり着ければ早く恋が叶い、人の助言でたどり着いたら、人の助けで恋が叶うとされています。簡単そうに見えて、いざやってみると意外とこれが難しい。

絶対に恋を叶えてやる! と気張らないほうが上手くいくように思います。こういうのは縁起担ぎなので、欲を出しすぎずに無心でやるのがコツです。欲があると、あれこれ考えて一瞬迷ったりしがちです。欲とは自我ですから、我が強すぎるとなんでも失敗しやすいというのが私の持論です。ぜひみなさんも無心で挑戦してみてください。

竈門神社はここ最近、国民的ヒット作『鬼滅の刃』の聖地として、多くのファンが巡礼に訪れています。主人公の竈門炭治郎・禰豆子と神社名が同じであることなど、他にも共通点があります。また、もともと大宰府政庁の鬼門封じの神社だったことから『鬼滅の刃』のルーツではないかと噂されているのです。

たしかなことはわかりませんが、きっと作者は竈門神社にお祈りをして、何かしらの役割とご利益を授かったのでは? と思います。大成した人というのは、神社に手を合わせているものです。

もともと鬼門封じの神社であり、玉依姫命が方位を得意とする神様であることから、この神社には方位除けのご利益もあります。旅行や出張に行くときは、玉依姫命にご挨拶しておくといいでしょう。

こちらが「愛敬の岩」です。好きな人を想って祈るだけでなく、まだ見ぬ人との出会いを祈っても恋が叶うそうです。素敵な人と出会えるかもしれませんよ。

愛敬の岩は4～5メートルの距離ですが、なかなかたどり着けない人もいます。ちなみに私は一度で成功しましたが、同行したスタッフは植木にタッチしていました。

『鬼滅の刃』の登場人物が描かれた絵馬がたくさんありました。神社で授与されているわけではなく、ファンが自分で描いたもので、作品への愛を感じます。

「水鏡」に自分の顔を映すと、心の内面まで祓い清められ、純粋な心になってからお祈りをすると、願いが叶うと信じられています。

お守り授与所の裏手に太宰府の街を一望できる展望舞台があり、カフェのテラスのような雰囲気です。

木下レオンここだけの話

実は私の産土神（うぶすながみ）が、竈門神社のご祭神でもある玉依姫命なのです。産土神とは、自分をこの世に生まれるように呼んでくれ、一生守ってくれるというその人の守護神です。

諸説ありますが、玉依姫は巫女さんだったとも言われていて、昔の巫女さんには吉凶を占う役割もあったのです。しかも玉依姫命は、方位を得意とする神様でもある。だから私は占いをやっているし、方位のことも好きなのかもしれません。特別にご縁を感じて玉依姫命にお祈りしたのですが、私は仕事や旅行で全国を飛び回るので、「悪い方位を除けてください」とお願いしました。神社参拝では、その神社の神様が得意とすることを祈願すると、ご利益をいただきやすくなります。

宝満宮竈門神社の由来

7世紀後半に大宰府政庁が置かれた際、鬼門にあたる宝満山で大宰府と国家鎮護のための祭祀が始まりました。天武天皇2年（673年）に心蓮上人が宝満山中で修行していたところ、「玉依姫」の神霊に遭遇したことから、朝廷の命で上宮が建立されました。以来、空海や最澄をはじめ遣隋使・遣唐使として大陸へ渡る人々が、航海安全を祈願したといいます。中世以降は、修験者の修行の地として信仰を集めました。今ではご祭神が玉依姫命であることから縁結びの神社として知られ、桜と紅葉の名所としても人気を集めています。近年は漫画『鬼滅の刃』の聖地として話題になっています。

福岡

宝満宮 竈門神社

ほうまんぐう かまどじんじゃ

ご祭神

・玉依姫命（たまよりひめのみこと）
・応神天皇（おうじんてんのう）
・神功皇后（じんぐうこうごう）

ご利益

・縁結び・良縁成就・恋愛成就・方位除け・厄除け・航海安全・除災招福・心身清浄・五穀豊穣など

DATA
住 福岡県太宰府市内山883
拝 参拝時間/自由
交 西鉄「太宰府駅」よりコミュニティバス「まほろば号」乗車、約10分。太宰府ICより車で約20分

ちょっと一休み

太宰府のおすすめ宿

慶応元年創業の心と体の休まる宿

奈良時代から湧き続ける温泉に癒やされる老舗の宿

宝満宮 竈門神社や太宰府天満宮にもアクセスが便利な創業慶応元年（1865年）の老舗の宿です。

6500坪の広大な敷地に大正亭、平安亭、昭和亭の3つの宿泊棟と一戸建ての離れがあります。建てられた年代により、それぞれ趣が異なる客室は、ホテルの快適性と旅館の風情を兼ね備えています。

万葉集にも歌われた、1300年にわたり湧き続ける源泉掛け流しの天然温泉はアルカリ単純泉で、なめらかでやわらかい泉質のお湯。町中でありながら木々に囲まれた浴場は深山の秘湯を思わせ、旅の疲れをゆっくりと癒やすことができます。

季節ごとにその美しさを感じることができる広大な日本庭園も魅力の、歴史ある極上の宿です。

自然の川と滝つぼをイメージした大浴場は、男女共100坪の広さです。

日常の喧騒を離れ、静かな時間がゆっくり流れているのを感じます。

3500坪の自然豊かな日本庭園を散策。皇族来荘の記念松や蓮の花なども見られる。

二日市温泉 大丸別荘

DATA
住 福岡県筑紫野市湯町1-20-1
TEL 092-924-3939
チェックイン15:00/チェックアウト11:00
交 JR「二日市駅」より徒歩約15分。福岡空港から車で約35分

縁結び

宮崎県

高千穂神社（たかちほじんじゃ）

天孫降臨の地とされる神話の世界

天孫降臨の地とされているのが高千穂神社です。そのため高千穂皇神（たかちほすめがみ）と十社大明神が祀られています。また、境内の「夫婦杉」は縁結びのご利益があることでも知られています。マイナスイオンに溢れた高千穂峡のすぐそばにあるため、行くだけでも穢れが祓われるような浄化のパワーがあります。

この一帯は天津神が住んでいた高天原だとも考えられ、高千穂神社の近くには天岩戸伝説の舞台とされる天岩戸神社や、猿田彦命（さるたひこのみこと）・天鈿女命（あめのうずめのみこと）夫婦の住居だったとされる荒立（あらたて）神社があり、この3社を参拝するのが日本神話を巡る定番コースとなっています。

木下レオンここだけの話

私がテレビに出始めた頃、天照大神様の光と希望のパワーを授かりたいと思い、高千穂を訪れました。この地域には日本神話ゆかりの神社が多く、芸能神社として知られる荒立神社も訪ねてみたい神社の一つでした。その隣にある槵觸（くしふる）神社は旅の一番の目的で、天岩戸伝説で「太占（ふとまに）」という占いを行った天児屋根命と天太玉命が祀られています。占いの神様が祀られた神社は珍しいので、ぜひ占いの力を授けてもらおうと考えたのです。

高千穂神社の由来

創建は垂仁天皇の時代と伝わり、今から1900年以上も昔とされています。日本神話において神々が地上に降り立った天孫降臨の地とされる場所の一つであり、高千穂郷八十八社の総社です。

高千穂皇神と三毛入野命をはじめとする十社大明神をご祭神とし、源頼朝の家臣・畠山重忠が自ら植えたと伝わる樹齢800年の「秩父杉」をご神木としています。1778年に再建された本殿と、源頼朝が奉納したという鉄造狛犬一対などが国の重要文化財に指定されています。境内の神楽殿では、毎晩20時より日本神話を題材とした高千穂神楽（大人 1,000円/小学生まで無料）が奉納されています。

運気が上がる㊙スポット

社殿の前に「夫婦杉」という2本の巨大杉があります。好きな人と手をつないで時計まわりに杉を3周すると家内安全、子孫繁栄のご利益があるといわれています。一人でまわっても効果があると評判です。

国の重要文化財に指定されている本殿は、荘厳な雰囲気。2020年9月30日に、高千穂神社の境内社である荒立神社の御神像が新たに国の重要文化財に指定されています。

写真協力：高千穂神社

ご祭神

- 高千穂皇神（たかちほすめがみ）
- 十社大明神（じっしゃだいみょうじん）

ご利益

・縁結び・夫婦円満・諸願成就・五穀豊穣・厄祓い・無病息災・交通安全・家内安全・子孫繁栄など

DATA

住 宮崎県西臼杵郡高千穂町大字三田井1037

拝 参拝時間：自由

交 南阿蘇鉄道「高森駅」より車で約43分。「高千穂バスセンター」下車徒歩約15分

佐賀県

祐徳稲荷神社（ゆうとくいなりじんじゃ）

強力な霊力をもった日本三大稲荷の一つ

日本三大稲荷の一つに数えられる九州一の稲荷神社です。高台の本殿まで延々と続く鳥居と、そこから眺める絶景が見事なので、九州を訪れたらぜひ参拝していただきたい。

ご祭神の倉稲魂大神（うがのみたまのおおかみ）は、名前に「稲」とあるように農業と食物の神様です。そこから商売繁盛、家運繁栄、金運といった生活全般を豊かにするご利益へと広がっています。また、天の岩戸伝説で舞を披露した大宮売大神（おおみやのめのおおかみ）（天宇受売命（あまのうずめのみこと）と同一）と猿田彦大神（さるたひこのおおかみ）がご祭神でもあるので、芸能や交通安全のご利益もあります。数ある稲荷神社の中でも特別に霊力の強い神社なので、私も何度も参拝しています。

木下レオンここだけの話

私は神社では基本的に心願成就をお祈りするのですが、お稲荷さんに対しては、霊力を授かることと商売繁盛をお祈りしています。お稲荷さんというと、「狐につままれる」といったイメージで怖がる人もいますが、感謝の気持ちを持って本気で祈れば怖れる必要はありません。この神社のパワーは特別に強いので、私はそれこそ命がけの本気でお祈りします。本殿の奥に入って特別に参拝すると、さらにご利益がアップします。

祐徳稲荷神社の由来

貞享4年（1687年）に肥前鹿島藩主・鍋島直朝公の夫人・萬子媛によって創建されました。朝廷の祈願所であった稲荷大神の御分霊を勧請した稲荷神社であり、その後、萬子媛が入定し、「祐徳院」と名乗ったことから祐徳稲荷神社と呼ばれています。ご祭神の「倉稲魂大神・大宮売大神・猿田彦大神」の三神は、一般に「稲荷大神」と呼称され、日本三大稲荷の一つに数えられています。豪華絢爛たる本殿と朱色の鳥居が続く景観が多くの参拝者を魅了し、年間300万人もの観光客が訪れる「鎮西日光（九州の日光東照宮）」とも呼ばれています。四季の花々と紅葉の名所としても知られています。

運気が上がる㊙スポット

稲荷神社は赤鳥居が連なっているのをよく見かけますが、祐徳稲荷神社の赤鳥居はとりわけ長く、奥の院まで続きます。ここを歩けば、気持ちが明るくなり運気がアップします。

本殿から奥の院命婦社までは登り道のため20～30分かかります。ここでお祈りすると、白狐様が稲荷大神に祈願を届けてくれます。

写真協力：祐徳稲荷神社

ご祭神

- 倉稲魂大神（うがのみたまのおおかみ）
- 大宮売大神（おおみやのめのおおかみ）
- 猿田彦大神（さるたひこのおおかみ）

ご利益

・五穀豊穣・商売繁盛・家運繁栄・大漁満足・交通安全・縁結び・金運・技芸上達など

DATA

住 佐賀県鹿島市古枝乙1855

拝 参拝時間：自由

交 JR「肥前鹿島駅」よりバスまたはタクシーで約10分。嬉野ICより車で約27分

強力な金運パワーを持った弁財天と白蛇

佐賀県

脊振神社（せふりじんじゃ）

日本六所弁財天の一社として、古くから弁財天様が祀られています。私の地元の福岡から近いこともあって、これまで20回以上参拝しました。車でないと行けない山の中にあるのですが、昔は山岳仏教の聖地だった場所で、修験道の開祖・役小角（えんのおづぬ）や弘法大師空海も訪れていたそうです。

弁財天といえば財運の神様ですが、神社のそばの石窟に弁財天様の使いである白蛇が棲んでいるとされ、境内には金運を呼ぶ白蛇弁財天も祀られています。そのためこの神社は金運のパワーがとにかく強いです。私も商売繁盛と金運をお祈りし、たくさんご利益をもらいました。

木下レオンここだけの話

下宮から脊振山をさらに登ると、見晴らしの良い山頂に上宮があります。こちらの弁財天様もぜひ参拝してほしいです。そして弁財天様といえば、その頭部を見てほしいのですが、とぐろを巻いた蛇の体をしたおじいちゃんが乗っている場合が多く、これが宇賀神という超強力な金運パワーを持った神様です。宇賀神様にお経を唱えるとお金が入ってくるとされているので、合わせて参拝するといいでしょう。

脊振神社の由来

創建年は不明ですが、神功皇后が新羅征討の際、海上安全祈願のため、田心姫神、市杵島姫命、湍津姫命の三神を祀ったことが始まりとされています。仏教伝来後、その三神と弁財天が習合し、山岳仏教の拠点となりました。唐へ渡った空海、最澄、円仁、円珍、宋へ渡った栄西といった高僧が入山し、航海の安全を祈願したと伝えられます。最盛期には「脊振千坊」と称される山岳仏教の一大拠点として栄えましたが、明治の神仏分離により脊振神社となりました。標高1055メートルの脊振山頂に鎮座する上宮と、中腹にある下宮からなり、日本六所弁財天の一社として崇敬を集めています。

運気が上がる㊙スポット

標高600メートルのところに建つ下宮のまわりには杉林が広がり、中には樹齢500年の杉の大木もあります。杉に邪気を吸い取ってもらってからお祈りするといいでしょう。

脊振山山頂にある上宮は、石のほこらになっていて弁財天と市杵島姫命が祀られています。聖地として人々の信仰を集めてきました。年に一度5月3日に御開帳されます。

写真協力：脊振神社

ご祭神

- 田心姫神（たごりひめのかみ）
- 市杵島姫命（いちきしまひめのみこと）
- 湍津姫命（たぎつひめのみこと）
- 弁財天

ご利益

・財運・五穀豊穣・開運・技芸上達・学業成就・縁結び・恋愛成就・海上安全など

DATA
住 佐賀県神埼市脊振町服巻1447
交 JR「吉野ケ里公園駅」より車で約25分、東背振ICより車で約17分

熊本県

阿蘇神社(あそじんじゃ)

2300年の歴史を持つ阿蘇神社の総本社

写真は平成28年熊本地震前の様子

阿蘇の火山口にある「神霊池(みいけ)」をご神体とし、境内からは不老長寿のご利益があるとされる「神の泉」が湧き出るという大地と水の霊気を感じさせるパワースポットです。

2300年の歴史を持つ全国の阿蘇神社の総本社として知られ、阿蘇十二明神と呼ばれる12の神様が祀られています。生活守護全般にご利益があるとされています。

境内には、古代から神石とされる「願掛け石」があり、3回撫でて願い事をすると、願いが叶うとされています。

現在は熊本地震の復旧工事が進められているところなので、震災復興の祈りも忘れず参拝してください。

木下レオンここだけの話

私が阿蘇神社に行ったのは、2016年の熊本地震の前のことで、拝殿や楼門が倒壊したと聞き心配していました。現在は日に日に復旧工事が進み、2024年をメドにすべての復旧工事が終わる見込みだそうです。私も九州最大の規模を誇る楼門を再び目にすることができる日を待ち望んでいます。復旧工事のための寄付をしたい方は、阿蘇神社の公式HPで「社殿復旧奉賛金」が募集されているので確認してみてください。

阿蘇神社の由来

約2300年も昔の孝霊天皇9年(紀元前282年)の創建と伝えられ、全国約500社の阿蘇神社の総本社です。神武天皇の孫である健磐龍命と妃の阿蘇都比咩命、その子である速瓶玉命など一族12神を「阿蘇十二明神」として祀っています。阿蘇山火口の「神霊池」をご神体とし、上宮とされる阿蘇山山上神社に対し、麓にある下宮と位置づけられ、肥後国一之宮として崇敬を集めています。神殿や楼門など6棟が国の重要文化財に指定され、中でも楼門は「日本三大楼門」の一つとされる観光名所でしたが、2016年の熊本地震により甚大な被害を受け、現在も復旧工事が進められています。

運気が上がる㊙スポット

南北の鳥居は再建が完了しています。勇壮な鳥居の向こうは、阿蘇神社の神域。敬意を込めて一礼して鳥居をくぐることで、身も心も清められていきます。

阿蘇神社の災害復旧工事は着々と完了し、拝殿も再建されました。楼門のみ解体修理中となり、2023年の完成を予定しています。
※写真は平成28年熊本地震前の様子
写真提供：阿蘇神社

ご祭神

- 阿蘇十二明神(あそじゅうにみょうじん)
- 健磐龍命(たけいわたつのみこと)
- 阿蘇都比咩命(あそつひめのみこと)
- 速瓶玉命(はやみかたまのみこと)など

ご利益

- 生活守護全般

DATA
住 熊本県阿蘇市一の宮町宮地3083-1
拝 6:00~18:00(御札所は9:00~17:00)
交 JR「宮地駅」より徒歩約15分

全国の住吉神社の始祖とされる一之宮

住吉神社（すみよしじんじゃ）

福岡県

住吉神社といえば、総本社である大阪の住吉大社が有名ですが、福岡の住吉神社は、1800年以上も昔の創建とされ、全国の住吉神社の始祖とされる由緒ある神社です。

博多の中心部に位置する都会のオアシスのような場所なのですが、ご祭神の住吉大神は、心身を浄化するご利益があるとされ、身も心もリフレッシュできる神社です。会社勤務の頃は毎日のように通い、いつも丹田呼吸をして住吉神社の澄んだ〝気〟を取り入れることを意識していました。

広大な境内には他にも多くの神様が祀られているので、金運や縁結びなど、さまざまなご利益が得られます。

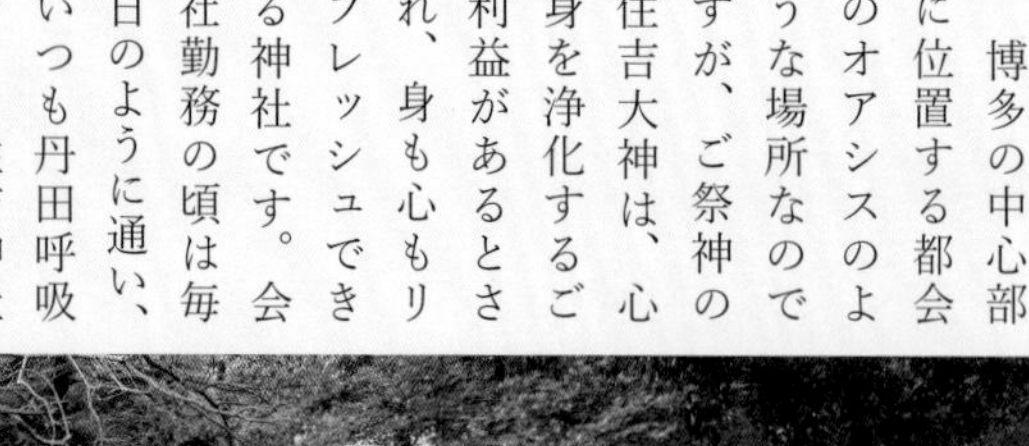
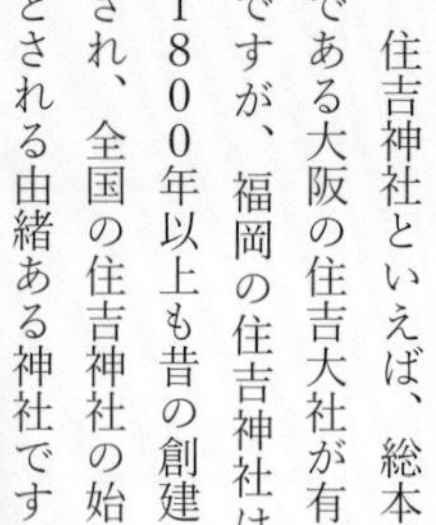
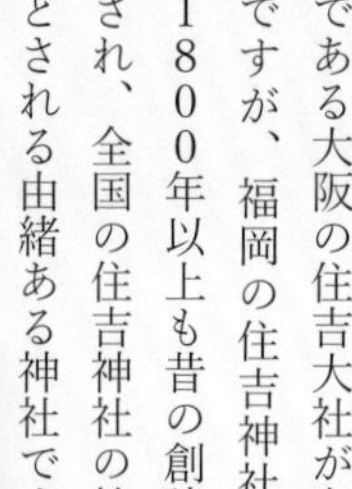

木下レオンここだけの話

私がこれまで参拝した神社の中で、一番通った神社です。サラリーマン時代は出勤前に30分ほど境内を散歩するのが日課で、「脱サラして飲食店を開業できますように」と祈り続けていました。その後、福岡の一等地に店舗を借りることができたのですが、毎日祈り続けたことで神様のお導きがあったのだと思っています。飲食店経営後もほぼ毎日通い、参拝した回数は数百ではきかないくらい。私の原点ともいえる思い出の神社です。

住吉神社の由来

全国に2129社ある住吉神社の中でも最初に創建された神社とされ、その歴史は1800年以上前に遡ります。『日本書紀』によれば、神功皇后が三韓征討の前に神主に命じて創建されたと伝わり、全国の住吉神社の始祖とされます。底筒男神、中筒男神、表筒男神の「住吉三神」をご祭神とし、天照皇大神、神功皇后を相殿としてお祀りし、これらを併せて住吉五所大神と呼ばれています。本殿は「住吉造」という神社建築史上最古の様式で国の重要文化財に指定されています。中世から筑前国一之宮に位置づけられ、大阪の住吉大社、下関の住吉神社と並び「日本三大住吉」に数えられています。

運気が上がる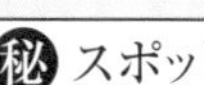スポット

「のぞき稲荷」の鳥居から岩の中をのぞき込み、自分の姿を御鏡に映して一つ願い事をすると、祈りが聞き届けられるといいます。

昔、社殿造営の邪魔になる松を切ろうとしたところ、一夜のうちに真っ直ぐになったという伝説から「一夜の松」と呼ばれています。

写真協力：住吉神社

ご祭神

- 底筒男神（そこつつのをのかみ）
- 中筒男神（なかつつのをのかみ）
- 表筒男神（うわつつのをのかみ）

ご利益

・心身清浄・海上安全・開運・商売繁盛・金運・笑門来福・身体健康・旅行安全・道開き・技芸上達・学問上達・縁結び・家内安全など

DATA
住 福岡県福岡市博多区住吉3-1-51
時 9:00~17:00
交 JR・地下鉄「博多駅」より徒歩約10分

安産

沖縄県

波上宮（なみのうえぐう）

安産祈願で知られる琉球王朝の聖地

龍宮城を思わせるカラフルな社殿が、別世界を感じさせてくれます。かつて沖縄は、御嶽への信仰が根付いていた琉球王朝だったこともあり、神社自体が少なく、狛犬ではなくシーサーが出迎えてくれるなど、南国・沖縄らしい独特の雰囲気が味わえます。

海を見下ろす崖の上に社殿があるのですが、もともとはニライカナイの神々に祈りを捧げるための聖地だったそうです。現在は県民の総氏神としての役割を担いつつも、多くの女性からは安産、恋愛成就の信仰を集めます。ビーチがすぐそばなので、海水浴で心身を浄化するのもいいでしょう。

木下レオンここだけの話

沖縄旅行のたびに波上宮に行き、これまで4回訪れています。沖縄はほとんどの人にとって南西に位置します。吉方位的に西は、恋愛が長続きし、夫婦仲が良くなる方位とされ、沖縄はリゾート地でもあるので、カップルで訪れるには最適の場所です。波上宮は恋愛成就や安産のご利益で知られる神社ですから、方位の力をさらに高めてくれるでしょう。ちなみに南西は働き者になる効果もあり、私の場合、仕事運を上げることが目的でした。

波上宮の由来

創建年は不明ですが、はるか昔の人々がニライカナイの神々に豊漁と豊穣に恵まれた平穏な日々を祈った聖地とされています。伝説では、里主（下級士族の位階）が海辺で「ものを言う霊石」を拾ったことに始まります。それを知った神々が霊石を奪おうとし、里主が崖の上に逃れたところ、熊野権現から「この地に社を建てまつれ、しからば国家を鎮護すべし」というご神託があり、王府が社殿を建てたとされます。以来、琉球を訪れる船は、崖の上に鎮座する波上宮に航海の安全を祈ったといいます。琉球国新一の宮、琉球八社筆頭として、地元の人からは「なんみんさん」と呼ばれ親しまれています。

運気が上がる㊙スポット

琉球赤瓦に丹塗りがよく映え、南国の花のように美しい社殿です。縁結び、安産のご利益で知られ、多くの女性が参拝します。※令和四年の復帰五十年に合わせ塗装工事が完了の見込み

狛犬ではなく、シーサーが神社を守っているところが沖縄らしい。シーサーは、魔除けのパワーを持つ伝説の聖獣です。

写真協力：波上宮

ご祭神

・伊弉冉尊（いざなみのみこと）
・速玉男尊（はやたまをのみこと）
・事解男尊（ことさかをのみこと）

ご利益

・恋愛成就・良縁祈願・安産・商売繁盛・健康祈願・心願成就・合格祈願・海上安全・交通安全・家内安全・豊漁・豊穣など

DATA
住 沖縄県那覇市若狭1-25-11
拝 9:00~17:00
交 ゆいレール「旭橋駅」より徒歩約15分、那覇空港より車で約10分

木下レオン 旅の思い出コラム その2

〜高野山・美保神社・出雲大社〜

仕事運を上げる東の方位で、ちかっぱ祈る！

私がまだ福岡を拠点にしていた頃、和歌山県の高野山、島根県の美保神社、出雲大社を一気に回る旅行をしたことがあります。まず仕事運を上げるパワーを持つ東の方位にある高野山でちかっぱ祈ってから、仕事運のご利益がある有名な神社を参拝するという旅でした。

その頃の私は、飲食店を経営しながら占い師としても活動し、福岡のローカル番組に出演したりもしていたのですが、まだ『突然ですが占ってもいいですか？』に出演する前のことで、世間的にはほとんど知られていませんでした。そのため常々「占い師として全国放送に出演したい」と考えていたのです。その願いを叶えるためにも、とにかく仕事運を上げたいと思っていました。

年末の寒い時期のことで、最初に向かった高野山には雪が積もっていました。

弘法大師が眠る奥之院で40分ほどお経を唱えたのですが、この世とあの世の狭間のよう

な神聖な空気が漂っていて、身も心も清められるような思いでした。高野山でお水取りをして、土地の霊力がたっぷり詰まったお水をいただきました。

本来ならゆっくり腰を落ち着けて高野山を回りたいところですが、私は慌ただしく次の目的地である島根県の美保神社に向かいました。

美保神社は「えびす様」の総本宮であり、えびす様といえば商売繁盛の神様です。高野山でお祈りをして身も心も清めた後で参拝することで、えびす様のパワーをたっぷり吸収したいと考えていたのです。

美保神社を参拝した後、またもや慌ただしく、私は今回の旅の一番の目的である出雲大社を目指しました。

出雲大社のご祭神である大国主大神は「だいこくさま」と慕われ、縁結びの神様として人気ですが、男女の縁だけでなく、仕事や商売など、あらゆる人と人との縁を結んでくれる神様です。もともと「国づくりの神」であることからそのパワーも強大で、五穀豊穣、商売繁盛、財運、開運等々ありとあらゆるご利益を授けてくれます。

私はここでも土下座参拝をしました。私にとってそれは、最大限の敬意と全身全霊の祈願を意味しています。

写真が得意な人はカメラマン、文章が得意な人は物書きというのと同じように、神様にも金運、恋愛運、健康運など、それぞれ得意とする力があります。私が神様に参拝するときは、そのパワーを得ることで「役割をいただく」という気持ちでお祈りします。たとえば弁財天様であれば芸能や財運に関わる役割をいただき、えびす様であれば商売繁盛に関わる役割をいただくというわけです。

出雲の「だいこくさま」から縁結びの役割をいただくことは、多くの人と縁を結ぶことになりますから、「全国放送に出る」という願いとも重なると私は考えていました。

福岡から見て東の方位にある高野山で霊力を高めた上で、商売繁盛のご利益がある美保神社のえびす様、縁結びのご利益がある出雲の「だいこくさま」から、それぞれ役割をいただくというスペシャルな吉方位の旅でした。

日本有数のパワースポットを一気に3カ所も回り、さすがにヘトヘトになりましたが、良い〝気〟をたくさんいただいたという充実感がありました。それは、旅行というより、もはや修行みたいな感じです。

ちかっぱ祈る人というのは、自分でも精いっぱい努力をするものです。旅から帰ってからの私は、以前にも増して仕事を頑張りました。

その努力が天に通じたらしく、この旅の数カ月後、『突然ですが占ってもいいですか?』にレギュラー出演することが決まり、全国放送に出るという願いが叶ったのです。

吉方位で仕事運を上げるとされる東は、日が昇る方位であり、効果が表れるのが早い方位とされています。みなさんも仕事を頑張りたいときは、ぜひ旅行先に東の方位を選んでみてください。

そして、ちかっぱ祈る!

神様と吉方位のご加護を信じて努力をすれば、必ず奇跡は起きます。本当に願いを叶えるために一番大事なことは、むしろそこなんです。

天照大御神を祀る
全国8万社の中心

三重県

伊勢神宮（いせじんぐう）

写真提供：神宮司庁

一生に一度は行ってみたい憧れの地として、江戸時代はお伊勢参りが盛んでした。当時の庶民にとって、伊勢神宮に行けるだけでもご利益とされ、伊勢神宮におみくじがないのも「行くだけで大吉」という意味があるといいます。

日本人の総氏神様を参拝するにあたっては、礼儀と感謝の気持ちが大切です。

伊勢神宮は天照大御神様を祀る内宮と、豊受大御神様を祀る外宮からなります。おかげ横丁からすぐに内宮に向かいたくなるところですが、外宮→内宮の順に参拝するのが習わしです。内宮と外宮はかなり距離があるので、順路を計算して参拝するようにしてください。

木下レオンここだけの話

伊勢神宮は一日かけても回りきれないくらい広いので、一番の目的である皇大神宮を参拝してそのまま帰途につく人も多いかと思いますが、天照大御神様の荒御魂を祀る「荒祭宮」も忘れず参拝してください。正宮の左側の小道を入ったところにあり、正宮に次ぐ大きさです。外宮と内宮の両正宮と荒祭宮の3社は必ず参拝しておきましょう。ちなみに私は、天照大御神様の弟神を祀る別宮の「月読宮」も必ず参拝することにしています。

伊勢神宮の由来

日本人の総氏神である天照大御神をお祀りし、三種の神器の一つである「八咫鏡」をご神体としています。正式には「神宮」という名称で、全国約8万社の神社の中心となります。天照大御神を祀る「皇大神宮（内宮）」と、天照大御神のお食事を司る豊受大御神を祀る「豊受大神宮（外宮）」からなり、別宮・摂社・末社・所管社を含む125の宮社を総じて「神宮」としています。およそ2000年前の垂仁天皇の御代に始まるとされ、持統天皇4年（690年）から20年に一度、社殿を造り替える「式年遷宮」の神事が行われます。次の第63回「式年遷宮」は、2033年の予定です。

運気が上がる㊙スポット

写真提供：神宮司庁

内宮の入口にある五十鈴川にかかる宇治橋は、日常から神聖な世界への架け橋です。橋の両端に鳥居があるので、ここで一礼し、身も心も清めて境内に入ることを心がけましょう。

伊勢神宮のもう一つの橋が風日祈宮橋です。この先に風雨の神様を祀った「風日祈宮」があり、「とても雰囲気が良い」と評判です。

写真提供：神宮司庁

ご祭神

・内宮
天照大御神

・外宮
豊受大御神

ご利益

・神のご加護・国家安泰・五穀豊穣・心願成就・安産・子宝・家内安全・事業運・交通安全・海上安全・学業成就・厄除け・開運招福など

DATA

住 三重県伊勢市宇治館町1
拝 1～4月・9月/5:00～18:00
5～8月/5:00～19:00
10～12月/5:00～17:00
交 近鉄鳥羽線「五十鈴川駅」より徒歩約30分、車で約10分。伊勢ICより車で約8分。

人生を導いてくれる方位を司る神様

三重県

猿田彦神社

伊勢神宮を参拝した後、猿田彦神社で祈願するのが、レオン流お伊勢参りです。ご祭神の猿田彦大神は、天孫降臨の際に瓊瓊杵尊を高千穂まで導いた「導きの神様」で、人々の人生を導いてくれるご利益があります。だから私は、伊勢神宮で人生の役割をいただくことを祈願してから、猿田彦大神様にその道を拓いてもらえるようにお祈りします。

天孫降臨の道案内を務めたことから方位を司る神様でもあり、境内には「古殿地」という方位と干支を刻んだ八角形の石柱があります。今年の恵方や自分の吉方位、あるいは引っ越しや旅行先の方位に触るとご利益があります。

木下レオンここだけの話

境内には、多くの芸能人が参拝した「佐瑠女神社」があります。ご祭神の天宇受売命は、天岩戸伝説において、舞を踊ることで天照大御神様が岩戸を開くきっかけを作ったとされる芸能の神様なのです。私は道拓きを祈願すると共に、芸能運も祈願します。天孫降臨の後、猿田彦大神と天宇受売命は伊勢を本拠地としたのですが、一説では二神は夫婦だったとされ、猿田彦大神と天宇受売命が一緒に祀られている神社が多いのです。

猿田彦神社の由来

ご祭神の猿田彦大神は、天孫降臨の先導をつとめた後、天宇受売命と共に本拠地の「伊勢の狭長田五十鈴の川上」の地に戻り、全国の開拓にあたりました。その後、猿田彦大神の子孫である大田命が、五十鈴の川上にある宇遅(宇治)を聖地として倭姫命にお勧めし、皇大神宮(内宮)が造営されました。

猿田彦大神の直系の子孫・宇治土公家が代々宮司を務め、本社と言われています。境内社の佐瑠女神社では、この地で「猨女君」という称号を受けた天宇受売命が祀られて俳優、神楽、技芸、鎮魂の祖神と仰がれています。

運気が上がる㊙スポット

境内にある佐瑠女神社のご祭神・天宇受売命は、芸能や芸術のご利益だけでなく、天津神と国津神の仲を取り持った良縁の神様なので、縁結びのご利益もあります。

「古殿地」は、永らく社殿があった跡地を示す神聖な場所です。方位除けというよりは、自分に関わる方位に触れることで、猿田彦大神様に道を拓いてもらうといいでしょう。

写真協力：猿田彦神社

ご祭神

・猿田彦大神
・大田命
・天宇受売命

ご利益

・道ひらき・方位除け・開運・交通安全・旅行安全・芸能運・技芸上達・縁結び・子宝・商売繁盛・事業繁栄・建築地鎮など

DATA

住 三重県伊勢市宇治浦田2-1-10
time 参拝時間：自由
交 近鉄鳥羽線「五十鈴川駅」より徒歩約18分

愛知県

現世利益を早く叶えてくれる

豊川稲荷（とよかわいなり）

日本三大稲荷の一つに数えられるため、稲荷神社だと思われがちですが、曹洞宗のお寺です。なので神社の二礼二拍手一礼の神社式参拝はご法度。合掌礼拝して参拝しましょう。

私は豊川稲荷に参拝する際は、合掌して「南無　豊川吒枳尼眞天（だきにしんてん）」と3回唱え、感謝やお願いごとをしてから真言を7回唱えています。

この豊川吒枳尼眞天という仏様が、稲穂を担い白い狐に跨る姿から「豊川稲荷」と呼ばれるようになったのですが、戦国大名の今川義元をはじめ、信長、秀吉、家康が信仰していたことで、立身出世、商売繁盛、金運といったご利益があるとされています。

木下レオンここだけの話

豊川稲荷のパワースポットが、千体もの白狐像が並ぶ「霊狐塚」です。豊川稲荷で祈願をしてご利益を授かった人が、お礼として白狐像を奉納されているそうです。そんな中で、ひと際目を惹くのが2メートルほどに及ぶ黒い岩。これは1707年の富士山の噴火の際にできた溶岩で、岩の中央の空洞の中にはおきつね様が祀られています。このおきつね様こそが、霊狐塚に最初に祀られた白狐像とされているそうです。

豊川稲荷の由来

正式名は「妙嚴寺」という曹洞宗の寺院です。曹洞宗の開祖・道元禅師の弟子であった寒巌禅師が、宋から帰国する際、稲穂を担い白い狐に跨った霊神が真言を唱えながら現れたといいます。帰国後、寒巌禅師はその霊神の像を作りました。嘉吉元年（1441年）に6代目の弟子である東海義易禅師が妙嚴寺を創建し、千手観世音菩薩をご本尊とし、寒巌禅師自作の霊神像を鎮守として祀りました。これが「豊川吒枳尼眞天」であり、稲穂を担い白い狐に跨っていることから「豊川稲荷」が通称として広まり、商売繁盛や立身出世のご利益があるとして、全国的に信仰を集めるようになりました。

ご本尊

・千手観世音菩薩

鎮守（ちんじゅ）

・豊川吒枳尼眞天（とよかわだきにしんてん）

ご利益

・商売繁盛・立身出世・金運・心願成就・開運・五穀豊穣・厄除け・家内安全・家業繁栄・安産・縁結び・災難消除・学業成就・交通安全など

DATA

住 愛知県豊川市豊川町1

拝 5:00〜18:00

交 名鉄豊川線「豊川稲荷駅」より徒歩約5分、JR「豊川駅」より徒歩約5分

運気が上がる㊙スポット

白狐像が並ぶ「霊狐塚」には神秘的な雰囲気が漂います。狐の顔が異なるのは、奉納された年代の違いによるものだとか。願いが叶ったら感謝を返すという伝統が息づいています。

お稲荷さん定番の朱色の鳥居トンネルはなく、鳥居から「千本のぼり」が続きます。のぼりを奉納すると、精進の効果があるといいます。

写真協力：豊川稲荷

長野県

穂髙神社（ほたかじんじゃ） 奥宮（おくみや）

神が降りた地に神秘的な池がたたずむ

上高地はかつて「神降地」「神垣内」と呼ばれていました。穂高神社の御祭神である穂高見命（ほたかみのみこと）が穂高岳に降臨したとされ、穂高連峰を望む上高地は、神様を祀る特別な場所だったのです。中でも穂高神社奥宮の境内にある明神池は、「鏡池」と呼ばれる神域でした。

一之池と二之池からなるひょうたんの形をしており、手前が一之池、奥が二之池と呼ばれています。冬でも凍らないという神秘的な池で、そばに佇んでいるだけで心が祓い清められていくのを感じます。ここで清浄な気を吸い込み、自然の造形美を眺めているだけで運気が上がるはず。

木下レオンここだけの話

上高地はマイカー規制がされ、シャトルバスで行くことになります。バスターミナルから1時間ほど歩くと明神池に到着。池に伸びる橋の先に小さな鳥居と賽銭箱があり、明神池の先に気高く鎮座する、日本アルプスの主峰奥穂高岳の山頂の嶺宮に向かってお祈りするのですが、これが本当に清々しくて、心が洗われるようでした。これまでいろいろなパワースポットを巡ってきましたが、もう一度行きたいと思わせる神秘的な場所です。

穂髙神社 奥宮の由来

長野県安曇野市穂高に鎮座する穂髙神社の奥宮として、上高地・明神池のほとりに祀られています。ご祭神の穂髙見命は、日本アルプスの総鎮守であり、海陸交通守護と縁結びの神様です。穂髙見命は、日本第3位の標高3190メートルの穂高岳に降臨したと伝わり、奥穂高岳の山頂には穂髙神社嶺宮が祀られています。

穂高連峰の麓に位置する上高地・明神池付近は、古くから穂髙神社の神域とされ、奥宮は穂高連峰の明神岳をご神体としています。近年は明神池が神秘的なパワースポットとして人気を集めています。明神池は奥宮の境内にあり、拝観料を納めて入場します。

運気が上がる㊙スポット

山の中の静寂が神秘さを増す穂髙神社奥宮。奥宮では毎年10月8日に明神池に龍頭鷁首（りゅうとうげきしゅ）の船を浮かべる「御船神事」が行われ、一年の山の安全を祈願しています。

木の趣を残した鳥居が、いかにも山の神社らしくて味わい深いです。鳥居から望む明神岳が本当に神々しいです。

ご祭神

・穂髙見命（ほたかみのみこと）

ご利益

・恋愛運・縁結び・開運・心身清浄・金運・仕事運・交通安全・登山安全・家内安全・子授け・安産・心願成就など

DATA
住 長野県松本市安曇上高地4468
拝 6:00~17:00
交 上高地は通年マイカー規制されています。沢渡・平湯あかんだなの各駐車場からシャトルバスかタクシーで上高地へ。上高地バスターミナルから徒歩約60分

一生に一度お参りすれば、極楽往生

長野県

善光寺（ぜんこうじ）

一生に一度お参りするだけで極楽往生のご利益があるとされ、江戸時代から善光寺参りが盛んでした。約300年前に落成した、東日本最大級の本堂のスケールも圧巻です。

このお寺のご本尊は、日本最古の仏像といわれて、住職すら見ることが許されない絶対秘仏なのです。

ご本尊を拝むことができないため、善光寺では「お戒壇巡り」が人気です。本堂の床下が真っ暗な回廊になっていて、途中にある「極楽の錠前」に触れると、極楽往生が約束されると言われています。錠前の真上にご本尊が祀られているので、もっともご本尊に近づける場所というわけです。

写真提供：善光寺

木下レオンここだけの話

ご本尊は引っ越しを繰り返してきた如来様でもあります。戦国時代、武田信玄は戦火を避けるためにご本尊と善光寺を丸ごと甲府に移しました。それが山梨県の「甲斐善光寺」です。ところが武田家が織田・徳川軍に敗れたことでご本尊はさらに別の所へ。それが豊臣秀吉の手に渡り、京都の方広寺のご本尊として祀られました。秀吉の死の直前、如来様が枕元に立ち「信濃の地に戻りたい」とお告げになり、善光寺に帰ることになったとか。

善光寺の由来

一光三尊阿弥陀如来像をご本尊とし、皇極天皇3年（644年）の創建と伝えられています。この仏像は仏教伝来のときに百済から伝えられた日本最古の仏像とされ、誰も目にすることができない絶対秘仏です。古墳時代に廃仏派の物部氏によって難波の堀江に打ち捨てられましたが、後に信濃国司の従者・本田善光が京から信濃に持ち帰ったのが始まりとされ、その名を取って「善光寺」と名付けられました。ご本尊の身代わりとして鎌倉時代に造られた前立本尊が、数え年で七年に一度ご開帳され、盛大な儀礼が執り行われます。次のご開帳は、2022年4月3日～6月29日を予定しています。

運気が上がる㊙スポット

参詣者を迎えてくれる山門には、「善光寺」と書かれた額が掲げられています。通称「鳩字の額」と呼ばれ、この3文字の中に鳩が5羽隠されています。ぜひ探してみてください。
写真提供：善光寺

善光寺の参道には石畳が7777枚あると言われています。参道周辺には39軒の宿坊があるので、泊りがけの善光寺参りがオススメです。
写真提供：善光寺

ご本尊
・一光三尊（いっこうさんぞん）阿弥陀如来（あみだにょらい）

ご利益
・極楽往生・厄除け・家内安全・安産・病気平癒・身体健全・学業成就・平和祈願など

DATA
住 長野県長野市長野元善町491
時 参拝時間：本堂：日により変わります
資料館・山門・経蔵：9:00～16:00
交 長野電鉄「善光寺下駅」より徒歩約13分。JR「長野駅」より徒歩約30分

開運

長野県

戸隠神社

神話の世界へ続く樹齢400年の杉並木

天手力雄命がこじ開けた天の岩戸が、ここまで飛んできて戸隠山になったという伝説がある神社です。力の神様を祀る神社なので、スポーツや健康のご利益がありますが、天照大神が岩戸の外に出たことで世界に光と希望が取り戻されたわけですから、開運パワーも相当強いと思います。

樹齢400年のクマスギが続く奥社の参道が有名で、まさに「神の道」といった感じで圧巻です。いい運動にもなるし、森林浴にもなって日頃の穢れが落ちていきます。心身を浄化してから奥社を参拝することになるので、奥社の強い〝気〟がすっと入ってくるのを感じるはずです。

木下レオンここだけの話

奥社へは1時間ほど山の中の参道を歩いて行くのですが、途中で「ゼロ磁場」とされる場所にも行ってきました。知人に案内されて行ったので、どうやって行くかは説明できないのですが、鬱蒼とした山の中に空き地のような空間が広がっています。しばし佇んでみると、すごく気が落ちついているのを感じました。案内標識も何もない知られざるパワースポットなので、行ってみたい方は地元の人に案内してもらうようにしてください。

戸隠神社の由来

神代の昔、天照大神がお隠れになった天の岩戸が飛来し、戸隠山になったとされ、創建以来、2000年余りの時を刻む神社です。奥社、中社、宝光社、九頭龍社、火之御子社の五社からなり、奥社は、天の岩戸を開いた天手力雄命をご祭神とし、中社は、天照大神が天の岩戸を開くきっかけを考え出した天八意思兼命をご祭神とするなど、天岩戸伝説ゆかりの神々が祀られています。

平安時代には修験道の道場として比叡山、高野山と並ぶ「三千坊三山」と言われるほど栄えました。樹齢400年以上のクマスギが500メートルにわたって続く奥社の参道が、近年人気を集めています。

運気が上がる㊙スポット

中社の右奥にある「さざれ滝」もパワースポットとして知られています。戸隠の地主神である九頭龍大神のパワーが宿る湧き水なので、ここでお水取りをするといいでしょう。

火之御子社にある樹齢500年の「夫婦杉」も見事です。一つの根から2本の幹が伸びた珍しい杉で、夫婦円満のご利益があります。

写真協力：戸隠神社

ご祭神

- 天手力雄命（あめのたぢからおのみこと）
- 天八意思兼命（あめのやごころおもいかねのみこと）
- 天表春命（あめのうわはるのみこと）
- 天鈿女命（あめのうずめのみこと）
- 九頭龍大神（くずりゅうのおおかみ）

ご利益

・開運・心願成就・心身清浄・五穀豊穣・必勝祈願・学業成就・商売繁盛・厄除け・家内安全・安産・子育て・技芸上達・縁結びなど

DATA

住 戸隠神社中社・社務所：長野県長野市戸隠中社3506

拝 参拝時間：自由

交 JR「長野駅」路線バス7番乗り場より「ループ橋経由戸隠高原行き」に乗車して約60分。信濃町ICより車で約24分

コラム

「古事記」で日本の神様を学ぼう！

神様への理解を深めて、神社巡りをより、楽しいものにしましょう。

『古事記』とは、8世紀初めに成立したとされる日本最古の書物で、天地創造から推古天皇の時代までの出来事が記されています。

この日本神話に登場する主要な神々の中でも重要な神様は、日本という国を生んだ伊邪那岐命、伊邪那美命の二神です。二神は他にも様々な神々を生みましたが、伊邪那美命は火の神を生むときに大やけどを負い、黄泉の国に行くことになります。残された伊邪那岐命は、天照大御神、須佐之男命、月読命の「三貴子」を生みました。

神々は天照大御神が治める高天原で暮らしていましたが、大国主命から葦原中国（地上世界）を譲られることになり、天照大御神の孫の瓊瓊杵尊が高千穂峰に降り立ちました。それから天孫が統治する日本の歴史が始まります。これら主要な神々だけでなく、天孫を助けた神々として描かれている猿田彦命や天鈿女命を祀る神社も多く、その活躍に応じて開運や芸能といったご利益があるとされています。

こうした、神様のそれぞれの得意分野を知ってから神社を訪れると、より願いが叶いやすくなるでしょう。

いざなぎのみこと
日本の生みの親であり、あらゆる生命の祖神

いざなみのみこと
日本を生んだ後、黄泉の国に旅立った女神

古事記
天照誕生神話
伊邪那美命を追って黄泉の国に行った伊邪那岐命は、戻ってから黄泉の穢れを清める禊を行いました。伊邪那岐命が水で顔を洗ったとき、左目から天照大御神が生まれ、右目から月読命、鼻から須佐之男命が生まれました。

あまてらすおおみかみ
日本の神々の中で最高位にある太陽神

古事記
天岩戸神話
弟の須佐之男命の乱暴に憤慨した天照大御神が天岩戸に隠れてしまい、世界は闇に閉ざされました。八百万の神々が集まって相談し、天岩戸の前で宴会を開くことにしました。楽しそうな外の気配が気になり天照が岩戸を開くと、天鈿女命が誘い出し、天手力男神が岩戸をこじ開けました。こうして世界は再び光を取り戻しました。

つくよみのみこと
月を司り、夜を統べる神様

すさのおのみこと
高天原を追放され、出雲の英雄となった荒ぶる神

くしなだひめ
須佐之男命の妻

子孫

子孫

子孫

古事記
天孫降臨神話
大国主命が開拓した葦原中国（※地上世界）が天照大御神に譲渡されることになり、高天原から初めて天孫の瓊瓊杵尊が地上に降り立ちました。その際に授けられたのが三種の神器であり、天下りには思金神、天鈿女命、天手力男神といった天岩戸神話ゆかりの神々も同伴し、葦原中国の道案内を猿田彦命が務めました。

このはなのさくやひめ
瓊瓊杵尊と結婚し、天照の子孫を生んだ女神

ににぎのみこと
高千穂峰に降り立った「天孫降臨」の主役

おおくにぬしのみこと
開拓した国土を「国譲り」した出雲の神

イラスト／草野かおる（オフィスカンノン）

あなたに
愛とパワーを
送ります！

木下レオン 旅の思い出コラム その3

～善光寺・戸隠神社・上高地～

北西を旅したことで、人生の流れが変わった

吉方位の効果は、たまたまその方位に行ったことで意図せず影響を受けることもあります。これは東京にも家を借りてからのことなのですが、東京からだと距離的に行きやすいこともあって、あまり吉方位を意識せずに長野を旅したことがありました。

旅先を決めてから吉方位について考えてみたところ、北西はリーダー力がアップする方位で、社長業や経営が上手くいったり、チームリーダーの新規事業が成功したり、事業運に影響してきます。そのときの私は、特にリーダー力や事業運は求めていませんでしたが、旅の間中、自分の人生にどういう影響が表れてくるのか、ずっと気になっていました。

長野の旅では、まず長野市の善光寺を詣でました。日本最古の仏像といわれる一光三尊阿弥陀如来像をご本尊とするだけあって、古くからの歴史を持つ格式高いお寺です。絶対秘仏のため、ご本尊を拝めないのが残念ですが、ご本尊の真下に「極楽の錠前」があり、

長さ45メートルという「お戒壇巡り（胎内めぐり）」で、この錠前に触れることができます。そこが一番ご本尊に近づける聖なる場所というわけです。

次は、天岩戸伝説で知られる戸隠神社に向かいました。

天照大御神様がお隠れになった岩戸を天手力雄命が力まかせに投げ飛ばしたところ、その一部が飛んできて戸隠山になったという伝説があり、戸隠神社はこの山をご神体としています。

街中にある善光寺から一転して、今度は山の中です。戸隠神社は奥社、中社、宝光社、九頭龍社、火之御子社の5社からなり、天手力雄命をはじめとする天岩戸伝説ゆかりの神々が祀られています。

中でも一番のパワースポットは、もっとも山深いところにある奥社です。山の中を1時間ほど歩くことになるのですが、５００メートルにわたって２００本以上の杉並木が続く参道が、とにかく圧巻でした。なんでも４００年以上も昔に植えられた杉らしく、ビルのように巨大な杉の参道は、まさに神様の通り道です。

参道自体がかなりのパワースポットですが、なんといっても崇高な気を感じたのは、やはり奥社です。美しい自然の中にあり、そこに行くだけでご利益がありそうです。

一旦、仕事で東京に戻ってからまた長野に舞い戻り、今度は上高地に向かいました。

上高地は、穂高神社のご祭神が降臨したと伝わる穂高岳の麓にあり、昔は「神降地」「神垣内」と呼ばれる聖地だった場所です。

マイカー規制がされているため、シャトルバスで行くことになるのですが、バスターミナルからさらに1時間ほど山を歩いたところに穂高神社奥宮があります。

そこには明神池という澄んだ池があり、古くは「鏡池」と呼ばれる神域だったといいます。池に延びる橋の向こうに小さな鳥居と賽銭箱があり、明神池の先に見える奥穂高岳の山頂に鎮座する嶺宮に向かってお祈りすると、心が澄み渡るように浄化されていくのを感じます。なかなか行きづらい場所ですが、明神池はもう一度行きたいと思わせる神秘的なパワースポットでした。

上高地の後は、北陸の富山と金沢を旅し、トータルで2週間ほど私は北西を旅していたことになります。さらに旅から戻った後に引っ越したのも北西でした。

吉方位の効果は、旅先で出てくるというより、旅から帰った後に表れてくるものです。北西の効果がどんなふうに表れてくるのか、私にもわからなかったのですが、北西を旅したことで確実に流れは変わったと思います。

その後、私は新規事業を立ち上げることになり、大きな人生の転機となったのです。

北西の方位は、事業者やリーダーにおすすめの方位ですが、最初のうちはキツイ思いをする方位でもあります。リーダーは決断力と行動力が求められ、目標に向かって一心不乱にならざるをえないものです。仕事一筋になるので、恋愛運は期待できません。

けれど、そこはやはり吉方位ですから、ただキツイ思いをするだけでなく、それを乗り越えたところには、大きな実りがあります。実際のところ、私も今はすごく大変な状況なのですが、それを信じて頑張るしかないと思っています。

なんとなく行くことになった北西の旅でしたが、今思えば、その方位に呼ばれたような気もしています。

1001体の千手観音像が並ぶ「仏像の森」

三十三間堂（さんじゅうさんげんどう）

すべてが国宝に指定される1001体の
十一面千手千眼観世音菩薩像と共に、木下レオンが祈ります。

無限の慈悲が詰まった心が浄化される空間

ただただ、ありがたい。

十一面千手千眼観世音菩薩像(以下、千手観音と略)を拝んでの私の素直な感想です。お近づきになれるだけでもありがたいですし、こうして本で紹介させていただけて幸せです。

ご利益としては、頭痛に悩んでいた後白河法皇が、三十三間堂を建てたことで治ったとされ、頭痛封じのお寺として知られています。

1000体ある千手観音立像は、一つとして同じ顔がなく、その中の一体には、自分と似た顔や懐かしい人の顔があるとされ、お亡くなりになった方とも再会できるとして信仰されています。

これだけあると探すのも大変ですし、奥の像はよく見えなかったりしますが、今は記念冊子やコンピューターの画像から探すこともできます。

1000体それぞれに、お経由来の名前が付けられているので、あなたがピンと来た千手観音像のお名前をメッセージとして受け止めてください。

「中尊」という千手観音像を中心に、左右に500体ずつ千手観音立像があり、合わせて1001体あるのですが、「千」という数は無限の広がりを表しています。それがまた「一」に戻るという意味で1001体。無限の慈悲が広がっているかのようです。

中尊は「蓮華王（れんげおう）」と呼ばれ、三十三間堂の正式名称は「蓮華王院」といいます。お釈迦様の教えにも蓮華にたとえた話があります。蓮の花はどんなに汚れた泥水からでも美しい花を咲かせますよね。

お釈迦様は泥水から抜け出した蓮の花のようでありなさいと教えているのですが、私なりに解釈すると、泥水とは欲の世界です。欲にまみれた世界は戦国時代のようなもので、ひたすら競争し続けなければいけない。それはずっと泥の中にいることです。

泥の中から抜け出して蓮の花のように客観的に物事を見ることが大事です。そうすれば、きれいに咲くこともできる。だから私は、もう競争はしたくない。食べていけるだけで十分。そのことに感謝して生きることに、心の幸せがあると思っています。

三十三間堂を一歩出れば、欲の世界に逆戻り。でも、競争の中で泥まみれになるのではなく、蓮華のようでありたいものですよね。

目を閉じて、心を落ち着けます。

国宝 雷 神
atue of Thunde

運気が上がる㊙スポット

鎌倉彫刻の傑作とされる国宝の雷神像です。昔の人は、一つの道を生涯かけて極めていましたから、とても敵わないと感じます。私もさらに精進しなければと思います。

堂内はさながら「仏像の森」のよう。厳かな空間に佇んでいると、心が洗われていくようでした。

「慈悲深い表情をしておられる」と思わず見入ってしまったのが「神母女像」という鬼子母神。もともと夜叉でしたが、釈迦の教えに帰依した仏教の守護神です。

朱塗りの建物の鐘楼。もともと三十三間堂は朱塗りの外装に極彩色の内装だったそうです。

各像は、頭上に11の顔を付け、両脇に40手がある。

木下レオンここだけの話

若い頃に参拝したとき、「千手観音像と一緒に写真を撮りたい」と思っていました。もちろん写真撮影禁止なので、それはできません。それが今回、特別に許可をもらって撮影することができ、本当にうれしいです。普通なら、「やった！」と満足しそうなものですが、これがなぜかできないんです。仏様に呼ばれたような気持ちなのですが、一方で「わかってるよね？」と問われるようなプレッシャーを感じています。仏様の慈悲の力というのは偉大で絶大です。けれど、人間が慈悲の心で生きようとすると、正直なところキツイ。なにしろ人に怒れないですし、怒っている人を鎮めないといけないわけですから。もっと修行しなければ、と気が引き締まる思いでした。

三十三間堂の由来

後白河上皇の御所の敷地に平清盛の寄進によって1164年に創建されました。1249年に焼失し、1266年に後嵯峨上皇により再建され、その後も足利義教や豊臣秀吉によって修復されています。

正式名は「蓮華王院」であり、その本堂が「三十三間堂」と呼ばれています。お堂の柱間が33もあるという特徴的な建築であり、その数は観音菩薩が33の姿に化身することを表しています。堂内には「中尊」と呼ばれる千手観音像を中心として、左右に500体ずつ千体千手観音立像が並び、計1001体が安置されています。一つとして同じ像はなく、そのすべてが国宝に指定されています。

頭痛平癒

開運

心願成就

京都

三十三間堂（さんじゅうさんげんどう）

ご本尊

・十一面千手千眼観世音菩薩立像

・十一面千手千眼観世音菩薩坐像

ご利益

・頭痛平癒・厄除い・苦難除去・病魔退散・悪疫守護・諸願成就・平穏無事・奇病快癒など

DATA

住 京都市東山区三十三間堂廻り町657

時 8:30～17:00（11月16日～3月は9:00～16:00）（受付は閉堂30分前まで）

交 京阪「七条駅」より徒歩約7分

日本一の
芸能パワースポット

車折神社（くるまざきじんじゃ）

芸能神社に自分の名が入った朱塗りの玉垣を奉納する願いが叶い、いざ感謝の参拝へ！

芸能人が名を連ねる きらびやかな神社

車折神社は平安時代の儒学者を祀った学業成就や合格祈願のご利益がある神社なのですが、今では境内にある芸能神社がパワースポットとして有名になっています。

芸能人やアーティストが朱塗りの玉垣に名前を入れて奉納することができ、名だたる芸能人が訪れているようです。私はテレビ出演を願って、これまでに日本各地の芸能神社を参拝してきましたが、これだけ多くの芸能人の玉垣は見たことがありません。まぎれもなく日本一の芸能神社だと思います。

この神社には芸能人の思いが詰まっています。それがさらに神社のパワーを倍増させているのだと感じます。

私はこれまで3回参拝し、「いつか玉垣に自分の名を入れたい」と願っていました。そしてテレビ出演の願いが叶った今、「木下レオン」と書かれた玉垣を奉納することができたのです。そんなふうに願いが叶った人が、感謝の気持ちを返すという循環ができていて、それがより強いパワーを生み出しているのです。

神様に願い事をするときは、邪(よこしま)な気持ちばかりでは、叶うものも叶いません。

たとえば、「有名になりたい」「お金持ちになりたい」という願いだったとして、「なぜそうなりたいのか」という理由の方が大事だと思うんです。これはレオン流の願い事の考え方であって、人それぞれ色々な願い事があっていいと思うのですが、神様が納得してくれるような理由がないと、力を貸してくれないものだと私は思っています。

ちなみに私は、テレビに出ることで、より多くの人に神様、ご先祖様に手を合わせることの大切さを伝えたいという祈願をしました。「スターになりたい」というわけでもないので、願いが叶った今は、テレビ出演もほどほどで十分だと思っています。

芸能神社で有名な車折神社ですが、境内には人脈拡大のご利益がある八百万神社や、才色兼備のご利益がある清少納言社もあり、芸能関係以外にも幅広くさまざまな願いを叶えてくれる神社です。

人脈拡大のご利益がある八百万神社も参拝。

運気が上がる㊙スポット

車折神社のご祭神・清原頼業は「約束を違えないこと」を守ってくれる神様としても信仰されています。商売の契約や男女の約束事が守られ、結果として金運や恋愛成就のご利益が授けられます。

車折神社の「祈念神石」が入ったお守りや御札を両手にはさんでお祈りすると、より願い事が叶いやすくなるそうです。願い事が叶ったら、小石を拾ってきて、お礼の言葉を書いて納める習わしになっています。

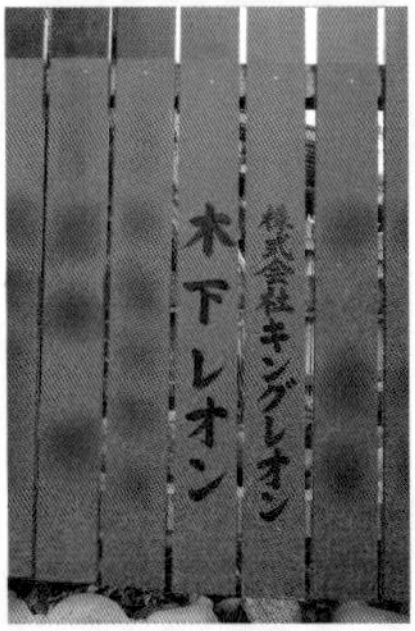

自分の名前が入った朱色の玉垣を奉納することが念願でした。会社としても奉納させていただきました。芸能神社の鳥居のすぐ横にありますので、ぜひ木下レオンの覚悟を感じてください。

八百万の神をご祭神とする八百万神社。八百万の神は津々浦々に広大なネットワークを持っていることから、人脈拡大のご利益があるとされています。

芸能神社の裏のこの場所で、一心不乱に祈りを捧げました。長く祈る時は他の方の迷惑にならないように。

木下レオンここだけの話

以前に芸能神社を参拝したときは、福岡の芸能人志望の男の子と一緒でした。彼が迷っていたので、「京都の芸能神社に祈願しに行こう」ということになり、冬の寒い最中、京都まで足を運んだわけです。お経を1時間唱えてお祈りする約束をしていたので、他の人の邪魔にならないよう神社の裏でお祈りをしました。私が祈り続けていると、何やら後ろでパタパタ音がする。振り返って見ると、彼がお祈りもせずにスマホカバーをパタパタさせていました。「どうした？」と聞くと、「ちょっと電話があって」と言う。さすがに、ふざけるな！と思いましたね。その後、おみくじを引いたら彼は凶……。こんな態度でお祈りしてもご利益はありません。

車折神社の由来

ご祭神の清原頼業は、舎人親王の子孫にあたる平安時代後期の儒学者です。和漢の学識と実務の手腕に優れ、晩年は政治の識者となり、九条兼実から「その才、神というべく尊ぶべし」と称えられたほどでした。清原頼業の死後、法名の「宝寿院殿」にちなみ「宝寿院」という寺がこの地に創建されました。後嵯峨天皇が嵐山に行楽に向かった際、この社の前で牛車の轅（ながえ）が折れたというエピソードが、「車折神社」の由来となっています。境内には、天宇受売命を祀った芸能神社、清少納言を祀った清少納言社、大国主大神を祀った大国主神社など、さまざまな神様が祀られています。

芸能運

良縁

金運

京都

車折神社（くるまざきじんじゃ）

ご祭神

・清原頼業（きよはらよりなり）
・天宇受売命（あめのうずめのみこと）
・八百万の神（やおよろず）
・大国主大神（おおくにぬしのおおかみ）

ご利益

・芸能・技芸上達・合格祈願・学業成就・良縁成就・恋愛成就・金運・商売繁盛・人脈拡大・才色兼備・交通安全・厄除けなど

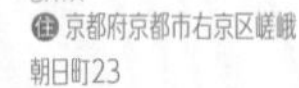

DATA
住 京都府京都市右京区嵯峨朝日町23
時 9:30〜17:00
交 京福嵐山本線「車折神社駅」すぐ。JR「嵯峨嵐山駅」より徒歩約10分

陰陽師・安倍晴明公を祀る京都の結界

晴明神社（せいめいじんじゃ）

占い師として尊敬する安倍晴明公の神社でおみくじを引き、メッセージをもらおう！

厄除けのパワーを持った陰陽師の神社

陰陽師の安倍晴明公をご祭神とする神社として、魔除けや厄除けのパワーがとても強いことで知られています。

もともと平安時代は鬼門とされた場所で、それを鎮めるために、あえて安倍晴明公はここに屋敷を建てて住んでいたそうです。その住居跡に建てられたのが晴明神社ですから、方位除けの効果もあるのではないでしょうか。

安倍晴明公は今でいう天文学者であり、天体の星を見て今後の吉凶を占い、時の天皇に助言をしていたと言います。これが本当によく当たり、朝廷から厚く信頼されていたそうです。現代の占星術ともまた違う占いですが、日本の占星術の元祖ともいえる人ですから、やはり占い師として尊敬しています。安倍晴明公の霊力にあやかり、私も価値ある占い師になりたいと思い、京都に来るたびに参拝するようにしています。

晴明神社は、鳥居やお守りに記された「晴明桔梗」の社紋がシンボルになっています。安倍晴明公の神社ですから、天文学や占星術を意味する星のマークだと思いがちなんですが、実は違うんです。

これは陰陽五行説の木・火・土・金・水の5つの元素の働きを表した五芒星で、それぞれが勝ち負けをする関係のバランスで世界が成り立っていることを意味しています。それが古代エジプト発祥の星のマークと似ているというのも、なんだか不思議な縁を感じますね。

安倍晴明公は「式神」という精霊を使いこなしていたとされ、神社のそばにユーモラスな表情の式神の像があったり、晴明公が念力によって湧き出させた「晴明井」という井戸があったりして、陰陽師らしい呪術的な世界観が形成されています。

晴明井は、その年の恵方の向きから水が湧き出るようになっていて、吉祥の水が得られるとされています。ですから、吉方位の旅にもうってつけの神社だと思います。

一條戻橋の横には式神の石像が。

運気が上がる㊙スポット

安倍晴明公が念力によって湧き出させたという「晴明井」。病気平癒のご利益があるという湧き水は現在も飲めるので、お水取りにはもってこいです（※コロナ禍の間は湧き水を止めています）。

古来、中国の陰陽道では、桃は魔除け・厄除けの果物とされています。この「厄除桃」を撫でると、厄が落ち、清々しい気持ちになることができます。

肖像画を基に作成された安倍晴明公像。衣の下で印を結び、夜空の星を見て天体観測をする様子を表しています。私にとっては、占星術の大大先輩といったところでしょうか。

陰陽師にあやかり、印を結んで参拝しました。

左手から樹齢300年とされるご神木のパワーを吸収します。

木下レオンここだけの話

私はおみくじに書かれた言葉を神様のメッセージとして受け止めているのですが、晴明神社のおみくじはちょっと違い、安倍晴明公に占ってもらうような気持ちで受け止めています。

晴明神社のおみくじには、「あなたはプロフェッショナルだから、その気持ちのままやり続けなさい」といったことが書かれていて、尊敬する安倍晴明公からお言葉をいただいたような気がして、ありがたかったです。ちなみに吉だったのですが、私は大吉だろうが凶だろうが気にしないことにしています。もちろん大吉の方が気分はいいですが、一番大事なのは、お言葉をいただくこと。大吉のときだけ言葉を信じて、凶だったら言葉を信じないというのも神様に対して失礼な話ですよね。

晴明神社の由来

平安時代中期の天文学者・安倍晴明公を祀る神社です。安倍晴明公は85歳で逝去され、寛弘4年（1007年）に安倍晴明公の屋敷跡に創建されました。安倍晴明公は天文暦学を極めた陰陽師の祖として知られ、「五芒星」とも呼ばれる陰陽道の祈祷呪符は、「晴明桔梗」という社紋となり、鳥居にも掲げられるシンボルとなっています。また、式神（陰陽師が使役する精霊）を思いのままに操る霊術を身につけていたとされ、神社の前には式神石像もあります。近年は、文芸や漫画や映画などを通じて安倍晴明公の存在が広く知られるようになり、全国から多くの崇敬者を集めています。

開運

京都

晴明神社（せいめいじんじゃ）

ご祭神

・安倍晴明公（あべのせいめい）

ご利益

・魔除け・厄払い・身体健全・病気平癒・安産・営業力向上・学力向上・運気向上・縁結び・夫婦和合・心願成就・交通安全・開運招福など

DATA

住 京都市上京区晴明町806

拝 9:00〜17:00

交 地下鉄烏丸線「今出川駅」より徒歩約11分。各線「京都駅」より車で約18分

すべてを祓い清める
住吉神社の総本社

大阪府

住吉大社（すみよしたいしゃ）

大阪の人の心のよりどころになっている全国約2300社の住吉神社の総本社です。航海安全のご利益がある海の神様ですが、伊弉諾尊（いざなぎのみこと）が禊祓（みそぎはらえ）を行われた際に海中から現れた三神をご祭神としているので、心身浄化のご神徳があります。また、大阪人の心のよりどころとして商売繁盛や縁結びなど、様々なご利益が得られます。意外なところでは、和歌や文学の神様という面もあります。

大阪らしい遊び心溢れる参拝巡路がいくつかあるのですが、特に人気なのが「五・大・力」と書かれた小石探しです。3個とも見つけると心願成就のご利益があるといいます。

木下レオンここだけの話

商売繁盛のご利益で知られる住吉大社ですが、「おはらい」で有名な神社でもあります。大阪三大夏祭りの一つ「住吉祭（毎年7/30 ～8/ 1）」は、別名「おはらい」と呼ばれ、大阪中をお祓いする「お清め」の意味があります。住吉祭に先立って行われる神輿洗神事では、海水をかけて神輿を清め、祭りの最終日にその神輿を担いで堺の宿院頓宮まで渡ります。夏の暑さと共に日頃溜まった穢れを一気に吹き飛ばしてくれそうです。

住吉大社の由来

創建は、神功皇后摂政11年（211年）と伝わり、1800年以上の歴史を誇ります。神功皇后の新羅征討の際、住吉大神のご加護を得て無事帰還を果たしたとされ、住吉の地に鎮斎されました。伊弉諾尊が禊祓を行われた際に海中より出現した底筒男命・中筒男命・表筒男命の三神、そして神功皇后を「住吉四社大明神」として祀り、古くから遣隋使、遣唐使などの航海の守護神として崇敬を集めてきました。奈良時代から20年ごとに社殿を造り替える式年遷宮が行われています。摂津国一之宮とされ、大阪では「初詣といえば、すみよっさん」と親しまれています。

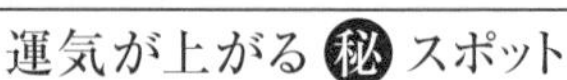

住吉大社の本殿は、第一本宮から第四本宮まで4棟あります。いずれも「住吉造」という神社建築史上最古の様式の一つとされ、国宝建造物に指定されています。

二拝二拍手一拝して霊石「おもかる石」を持ち上げ重さを覚え、願い事をしてから再び持ち上げ、軽くなっていたら願いが叶います。

写真協力：住吉大社

ご祭神

- 底筒男命（そこつつのおのみこと）
- 中筒男命（なかつつのおのみこと）
- 表筒男命（うわつつのおのみこと）
- 息長足姫命（おきながたらしひめのみこと）（神功皇后）

ご利益

・航海安全・大漁満足・安産・厄除・五穀豊穣・商売繁盛・商売発達・家内安全・縁結び・子宝・心願成就・開運・無病息災・芸能上達など

DATA
住 大阪府大阪市住吉区住吉2-9-89
拝 6:00~17:00（4月~9月）、6:30~17:00（10月~3月）
交 南海本線「住吉大社駅」より徒歩約3分。阪堺線「住吉鳥居前駅」より徒歩すぐ。南海高野線「住吉東駅」から徒歩約5分

空海が情熱を注いだ真言密教の根本道場

京都府

東寺（とうじ）

真言宗の総本山で、正式には「教王護国寺」といいます。もともと官寺（国立の寺）でしたが、嵯峨天皇から弘法大師に託され、真言密教の根本道場になりました。密教を学ぶ場であることや、菅原道真が毘沙門堂に祈願していたことから、学業成就のご利益があります。ご本尊は薬師如来で、他にも大日如来など、多くの仏を安置する大寺院として、無病息災や良縁など、あらゆるご利益が授けられます。

弘法大師が暮らした御影堂では、毎朝6時に食事とお茶がお供えされる「生身供（しょうじんく）」が行われ、どなたでも参加できるので、ぜひ早朝に訪ねてみてください。

木下レオンここだけの話

高さ55メートルという日本一高い五重塔は、弘法大師が唐から持ち帰った仏舎利を納めるために建設されたといいます。インドやミャンマーには、仏陀の遺骨を安置したストゥーパという塔が見られますが、実は五重塔の起源がストゥーパなのです。五重塔の内部は、極彩色で彩られた密教空間が広がっています。原則非公開ですが、年に数回、特別公開されているので、内部を見学したい人はその時期に訪ねてみてください。

東寺の由来

延暦15年（796年）に官寺として建立された現代に唯一残る平安京の遺構です。弘仁14年（823年）に嵯峨天皇より唐で密教を学んで帰国した弘法大師空海に託されました。このときから東寺は真言密教の根本道場となり、真言宗総本山「教王護国寺」を正式名称としています。薬師如来をご本尊とする金堂、大日如来を安置する講堂、かつて千手観音菩薩が安置されていた食堂の3つの建物は、「仏・法・僧」を表し、日本一の高さを誇る55メートルの五重塔は、京都のシンボルになっています。多数の国宝や国の重要文化財があり、世界遺産にも登録されています。

運気が上がる㊙スポット

東寺の正門の南大門は、数ある東寺の門の中でも一番大きく、幅18メートル、高さ13メートルという巨大さです。鳥や獣の彫刻など、桃山建築の特色がうかがえます。

五重塔のそばにある瓢箪池は、日本庭園の集大成ともされる「池泉回遊式庭園」で、園路を回遊しながら日本庭園を鑑賞します。

ご本尊

・薬師如来

ご利益

・学業成就・合格祈願・無病息災・病気治癒・健康長寿・安産祈願・所願成就・厄除け・災難除け・交通安全・夫婦円満・恋愛成就など

DATA

住 京都市南区九条町1
時 8:00〜17:00
交 近鉄京都線「東寺駅」より徒歩約10分。JR「京都駅」より徒歩約15分

金運

源義経が修行した鞍馬弘教の総本山

京都府

鞍馬寺（くらまでら）

鞍馬寺は源義経の修行の地として有名です。義経に兵法を教えたのが天狗だったという伝説もあり、天狗の総本山ともいわれています。

義経が信仰していたのが、戦いの神である毘沙門天王（びしゃもんてんのう）です。鞍馬寺のご本尊として江戸時代から福神として信仰されるようになり、金運や健康運などのご利益があります。

鞍馬寺は「毘沙門天王・千手観音（せんじゅかんのん）菩薩（ぼさつ）・護法魔王尊（ごほうまおうそん）」をご本尊としているのですが、この三身は一体と考えられ、宇宙の全生命の源とも言うべき「尊天（そんてん）」が顕現（けんげん）したものとしています。人の運命に影響するほどの宇宙エネルギーを、ぜひ感じ取ってください。

木下レオンここだけの話

毘沙門天王と千手観音は一般的ですが、「護法魔王尊」は初耳だと思います。鞍馬寺によると、「650万年前に金星から地球に降り立った」と伝わり、またの名を「サナートクマラ」、サンスクリット語で「永遠の若者」を意味します。その体は人間とは異なる元素からなり、16歳のまま歳をとらないとのこと。「クマラ」が転化して「鞍馬」になったという説もあります。お寺は宇宙の真理を信仰する場でもありますが、まさに宇宙的なお寺です。

鞍馬寺の由来

奈良時代に鑑禎上人が夢のお告げで鞍馬山を登山し、毘沙門天を祀る草庵を結びました。延暦15年（796年）、藤原伊勢人（東寺の造営長官）が、観世音を祀るお堂を建てたいと祈願したところ、夢のお告げで鞍馬山に導かれ、毘沙門天が安置された草庵を見つけました。「毘沙門天も観世音も根本は一体である」という夢のお告げにより伽藍を建立したのが鞍馬寺の起源とされます。平安時代末期には勇猛な僧兵を擁する寺として栄え、少年時代の源義経が修行したことで知られています。現在は、古神道・陰陽道・修験道を含む信仰から、宗派に捉われない鞍馬弘教の総本山となっています。

運気が上がる㊙スポット

本殿前の「金剛床」が鞍馬寺最強のパワースポットです。星曼荼羅の中心で「すべては尊天にてましますと」と唱えることで、宇宙エネルギーを吸収できます。

金星から護法魔王尊が降臨したとされるのが奥の院 魔王殿です。本殿から石段と山道で30〜40分かかりますが、必ず行ってほしいパワースポットです。

写真協力：鞍馬寺

ご本尊

- 尊天（そんてん）
- 千手観音菩薩（せんじゅかんのんぼさつ）
- 毘沙門天王（びしゃもんてんのう）
- 護法魔王尊（ごほうまおうそん）

ご利益

・金運・開運・必勝祈願・厄払い・魔除け・苦難除去・病気平癒・長寿延命・商売繁盛・火難除け・子孫繁栄・家庭円満・疫病退散など

DATA

住 京都府京都市左京区鞍馬本町1074

拝 9:00〜16:15

交 叡山電鉄「鞍馬駅」より徒歩約30分。「鞍馬駅」より徒歩約5分のケーブルカーに乗車、「多宝塔」下車、徒歩約10分

恋愛
成就

京都府

一年中、心安らぐ
鈴虫の音色が響く

鈴虫寺（華厳寺）

すずむしでら

鈴虫といえばリィーンリィーンと美しい音色を響かせる夏の終わりの風物詩ですが、このお寺では鈴虫を飼育していて、一年中、鈴虫の音色を楽しむことができます。京都市内を一望する自然豊かな山の麓にあり、ここで鈴虫の音色を聴いていると、心が洗われるような思いがします。

鈴虫の音はオスがメスの気を惹くためのラブコールであることから、恋愛成就や良縁祈願のご利益があるとして多くの人が訪れます。また、鈴虫の音色を背景に、ユーモアたっぷりの住職の説法が聞けるという「鈴虫説法」が開かれていて、仏の教えを伝えていただくこともできます。

木下レオンここだけの話

鈴虫寺の魅力は、鈴虫だけではありません。山門脇に「幸福地蔵」と呼ばれるお地蔵さんが立っているのですが、普通の仏様はみんな裸足なのに対し、このお地蔵さんは日本で唯一わらじを履いているのです。多くの人に救いの手を差し伸べるためにいろんなところに行くので、たくさん歩けるようにわらじを履いているのだとか。鈴虫寺のお守りを持って願い事をすると、「一つだけ願いを叶えてくれる」とされています。

鈴虫寺の由来

四季を通して鈴虫の音色が響く「鈴虫のお寺」として親しまれています。正式な名称は「妙徳山 華厳寺」といい、江戸時代中期の享保8年（1723年）に華厳宗の再興のために鳳潭上人によって開かれました。現在は、臨済宗の禅寺となっています。日本で唯一のわらじを履いたお地蔵さんがあり、全国から地蔵信仰を集めています。

京都市内を一望する松尾山麓に佇み、境内には四季折々の花々が咲き、歳月を重ねた石や苔や竹林と美しく調和しています。日常を離れ、心静かに鈴虫の音色に耳を澄ませてみてはいかがでしょう。鈴虫の音色と共に住職の説法を聞くこともできます。

運気が上がる㊙スポット

庭園には「鈴虫小屋」というおとぎ話に出てきそうな小屋があります。中には入れませんが、フォトジェニックなスポットとして人気です。特に紅葉の季節がきれいです。

日本で唯一、わらじを履いたお地蔵さん「幸福地蔵菩薩」です。一つだけ願いを叶えてもらうとしたら、あなたは何を願いますか？

写真協力：妙徳山 華厳寺 鈴虫寺

ご本尊

・大日如来

ご利益

・良縁祈願・恋愛成就・心身清浄・合格祈願・開運・幸運・家内安全・厄除けなど

DATA

住 京都府京都市西京区松室地家町31

時 9:00～17:00（入門は16:30まで）

交 各線「京都駅」より車で約25分、京都バス（73・83番鈴虫寺ゆき）終点下車徒歩約3分

日本三大文殊にして
安倍晴明の出生地

奈良県

安倍文殊院（あべもんじゅいん）

日本最大の約7メートルという国宝の文殊菩薩像が圧巻です。文殊菩薩は智恵の仏様なので、合格祈願やぼけ封じにご利益があります。

安倍一族の氏寺として創建され、陰陽師の安倍晴明の出生地とされています。安倍晴明といえば占星術師の元祖のような人ですから、占い師として一度は参拝したいと思っていました。安倍晴明ゆかりの寺として魔除け、方位災難除けのパワーもあり、安倍晴明が祀られた金閣浮御堂（きんかくうきみどう）を7周してお祈りすると、願いが叶うとされています。境内には弘法大師作と伝わる「願掛け不動」が祀られた古墳もあり、実に見所の多いお寺です。

木下レオンここだけの話

ご祈祷を受けた際、お坊さんが側にいたおじいさんに「ぼけ封じに来た○○さん」と声をかけたのです。文殊菩薩様は智恵の仏様だから、頭に関することならご利益がある！？　私は3週間くらい原因不明の頭痛に悩まされていたので、いつもは心願成就をお祈りするのですが、頭痛が治ることだけに集中してお祈りすることにしました。すると翌々日には頭痛がきれいに消え去っていたのです。あまりに効果てきめんで驚いています。

安倍文殊院の由来

645年の大化の改新の際に左大臣となった安倍倉梯麻呂により、安倍一族の氏寺として創建されました。1563年に松永弾正の兵火によりほとんどが焼失し、1665年に本堂が再建されました。日本最大の約7メートルの文殊菩薩像（国宝・快慶作）をご本尊とし、日本三大文殊の第一霊場として多くの人の信仰を集めています。

平安時代の陰陽師・安倍晴明がこの寺で生まれたと伝わり、境内にある金閣浮御堂内には安倍晴明像が祀られています。創建以来、祈祷寺として知られ、合格祈願、厄除け祈願、方位災難除け祈願など、さまざまなご祈祷を受けることができます。

運気が上がる㊙スポット

金閣浮御堂を時計回りに1周するごとに「厄除おさめ札」を納めて「七まいり」します。願いが叶うと評判ですが、本来は厄除けなので、七難を取り除くとされています。

智恵を司る文殊菩薩様というと、物静かなイメージがありますが、こちらは獅子に乗って4人の従者を従えた勇壮な姿です。

写真協力：安倍文殊院

ご本尊

・文殊菩薩（もんじゅぼさつ）

ご利益

・合格祈願・厄除け・魔除け・方位災難除け・ぼけ封じ・商売繁盛・家内安全・病気平癒・交通安全・縁結び・安産

DATA

住 奈良県桜井市阿部645

時 9:00～17:00

交 JR桜井線・近鉄大阪線「桜井駅」より徒歩約21分、もしくはバスで約7分

和歌山県

空海が現世に表現した曼荼羅の世界

高野山真言宗（こうやさんしんごんしゅう）
総本山金剛峯寺（そうほんざんこんごうぶじ）

高野山ほど崇高な地も他にありません。一日で回りきれないほど広大な境内が、一つの巨大な寺院に見立てられ、高野山全体が総本山金剛峯寺という次元が違う異空間なのです。あまりに霊的パワーが強すぎて、現世利益を願う感じでもなく、私は霊力をいただくつもりで参拝しました。

高野山の二大聖地の一つとされるのが、金堂や根本大塔（こんぽんだいとう）が建ち並ぶ壇上伽藍（だんじょうがらん）です。大師様は壇上伽藍によって立体的に曼荼羅の世界を表現したといいます。密教の仏や菩薩は、宇宙の真理を意味していますから、まさに高野山は宇宙的パワーがいただける聖地といえるでしょう。

木下レオンここだけの話

高野山の二大聖地のもう一つが、弘法大師が入定された御廟がある奥之院です。「入定」とは、お経を唱えながら断食をして即身仏となることで、大師様が永遠の禅定に入ることを意味します。今も大師様は奥之院で瞑想を続けているとされ、毎朝お食事が届けられています。ここに来ると、本当に大師様が近くにいることを感じます。くれぐれも大師様の瞑想を妨げないように、礼儀とマナーを持って静かに参拝しましょう。

総本山金剛峯寺の由来

大同元年(806年)、2年間におよぶ入唐留学から帰国の途についた弘法大師が、「伽藍建立の地を示したまえ」と念じて三鈷を投げたところ、三鈷は空中を飛来し、高野山の壇上伽藍の地に落ちたと伝えられています。そして、弘法大師は土地の神である丹生明神から高野山の地を譲り受け、真言密教の道場を設立しました。以来、京都の東寺と共に真言宗総本山として宗教活動の拠点となっています。

高野山は「一山境内地」と称し、総本山金剛峯寺を含めた高野山全体を大きな寺としています。4万8295坪という広大な境内には、117の寺があり、そのうち52の寺が宿坊として宿を提供しています。

ご本尊

・大日如来（だいにちにょらい）
・薬師如来（やくしにょらい）
・弘法大師（こうぼうだいし）

ご利益

・開運・心願成就・国家鎮護・厄払い・無病息災・病気平癒・疫病退散・学業成就・良縁成就・恋愛成就・安産・家庭円満・商売繁盛など

DATA
住 和歌山県伊都郡高野町高野山132
拝 8:30~17:00
交 JR「橋本駅」より南海高野山ケーブル乗車、「高野山駅」で下車し、バスで約10分、もしくは徒歩約34分

運気が上がる秘スポット

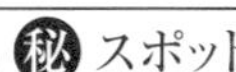

徳川三代将軍・家光によって建てられた「徳川家霊台」には、初代将軍・家康、二代将軍・秀忠が祀られています。徳川幕府にとっても高野山は最高峰の聖地だったのです。

奥参院参道は、樹齢数百年の杉の巨木と苔むした墓石が並ぶ幽玄な世界。皇族や戦国大名の墓もあり、歴史との深い関わりを感じます。

島根県

出雲大社（いづもおおやしろ）

縁結びの神様として人気のだいこくさま

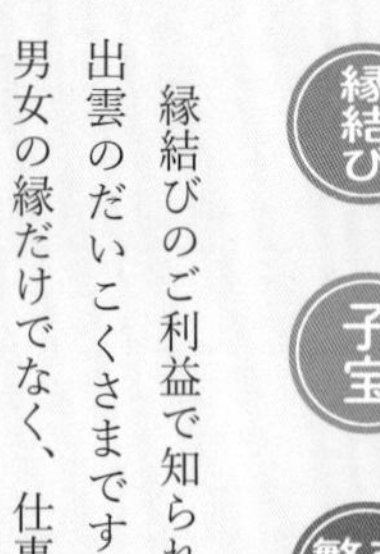

縁結び　子宝　商売繁盛

縁結びのご利益で知られる出雲のだいこくさまですが、男女の縁だけでなく、仕事の縁や子宝の縁など、あらゆる縁を結んでくれる神様です。

もとは「国造りの神様」でしたが、天照大神に国土をお譲りになり、目に見えない世界で縁を結ぶことになった神様とされます。「神無月」というと、神々が不在の月を意味しますが、出雲大社では「神在月（かみありつき）」と言い、その月に八百万の神が出雲に集まり、男女の縁や仕事の縁を決める「神議り（かみはかり）」という会議を開くそうです。日本最高峰のパワーを持った神様なので、私は絶対に叶えたい願いがあるときに参拝することにしています。

木下レオンここだけの話

出雲大社では、一般的な神道の作法と異なる点がいくつかあります。まず参拝方法が「二礼二拍手一礼」ではなく、「二礼四拍手一礼」であること。また、出雲大社というと日本最大級のしめ縄が有名ですが、左側を上、右側を下にする習わしがあり、他の神社のしめ縄のかけ方とは逆なんです。おみくじも他の神社と異なり、「吉」や「凶」は書かれていません。こうした違いからも大国主大神が別格の神様であることがわかります。

出雲大社の由来

「縁結びの神様」として親しまれている大国主大神がご祭神です。大国主大神は、幾多の困難を越えて国土を開拓した「国造りの神様」であり、その国は「豊葦原（とよあしはら）の瑞穂国」と呼ばれ繁栄しました。『古事記』や『日本書紀』によると、その国土を天照大神に「国譲り」された際、その恩賞として壮大な宮殿が創建され、永遠の安泰を約束されたことが出雲大社の始まりとされています。

日本神話では、天照大神の子孫が目に見える世界を司り、大国主大神は目に見えない世界を司ることになったとされ、「むすび」の霊力によって人々を幸福に導く神様になったということです。

運気が上がる㊙スポット

本殿の高さは24メートルにおよび、「大社造」と呼ばれる日本最古の神社建築様式です。発掘調査によると、古代は高さ48メートルの本殿だったそうですから、驚きです。

神話の中で大国主大神と八上姫（やかみひめ）のご縁を白うさぎが取り持ったことから、縁結びのシンボルとして白うさぎの石像が多数あります。

写真協力：公益社団法人 島根県観光連盟

ご祭神

・大国主大神（おおくにぬしのかみ）

ご利益

・縁結び・子宝・夫婦和合・五穀豊穣・医薬・病気平癒・交通安全・航海安全・商売繁盛・富貴栄達・立身出世など

DATA

㊟ 島根県出雲市大社町杵築東195

㊡ 6:00～18:00

㊯ 一畑電車大社線「出雲大社前駅」より徒歩約5分、JR「出雲市駅」より一畑バスで約25分

香川県

庶民に愛される讃岐のこんぴらさん
金刀比羅宮（ことひらぐう）

「こんぴら参り」で有名な庶民に親しまれてきた神様です。「こんぴら」という不思議な響きは、インドの水神クンビーラから来ているとも言われています。古くから瀬戸内海の航海安全を願って信仰されてきましたが、ご祭神の大物主神は、大国主神と同一なので、五穀豊穣、商売繁盛、縁結びなど幅広いご利益を授けてくれます。

　金刀比羅宮で有名なのが、表参道からひたすら続く785段という石段です。ハードに思えるかもしれませんが、途中に土産物や讃岐うどんの店やカフェがあり、名所や神社も多いので、疲れを感じず楽しんで本宮に辿り着くことができると思います。

木下レオンここだけの話

本宮からさらに583段の石段を上ると奥社があります。トータルで全1368段。これだけ足腰を使えば健康運のご利益が得られること間違いなし! 奥社には崇徳天皇が参籠したのではと伝わる崖上の旧跡があります。ご祭神でもある崇徳天皇は保元の乱（1156年）の後、讃岐に配流され相殿の神として祀られています。全1368段を上れば、神秘的なパワースポットで気持ちもすっきりするはず。

金刀比羅宮の由来

「こんぴらさん」の愛称で親しまれ、江戸時代にはお伊勢参りと並び「こんぴら参り」が庶民の間に広まりました。ご祭神の大物主神は「国造りの神」である大国主神の和魂神であり、神代の昔、大物主神が港を利用するために山の上に一時的に宮殿を造ったという伝説があります。このことから当時は瀬戸内海に浮かぶ島だったとも考えられています。創建年は不明ですが、長保3年（1001年）に社殿が改築された記録が残り、かなり古い歴史をもちます。讃岐国で崩御された崇徳天皇が境内で参籠していたことから、大物主神と並び崇徳天皇をご祭神としています。

運気が上がる㊙スポット

113段目から大門までは、特に急な石段になっていて「一之坂」と呼ばれています。途中に重要有形民俗文化財の灯明堂があり、多数の釣燈籠が夜の参道を照らしてきれいです。

江戸時代、犬が飼い主の代わりに金毘羅大権現（今の金刀比羅宮）にお参りする風習があり、「こんぴら狗」と呼ばれていました。

写真協力：金刀比羅宮

ご祭神

- 大物主神（おおものぬしのかみ）
- 崇徳天皇（すとくてんのう）

ご利益

・海上安全・大漁満足・事業運・商売繁盛・五穀豊穣・病気平癒・身体健全・家内安全・学業成就・縁結び

DATA
住 香川県仲多度郡琴平町892-1
時 6:00~18:00
交 JR「琴平駅」より徒歩約20分、琴平電鉄「琴電琴平駅」より徒歩約15分

広島県

世界文化遺産とされる海に建つ荘厳な社殿
嚴島神社（いつくしまじんじゃ）

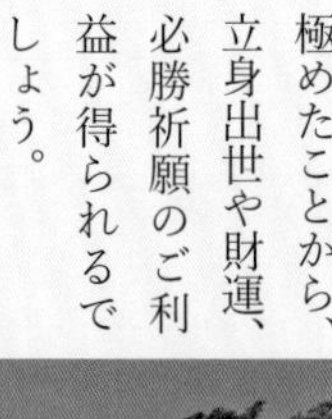

宮島にある嚴島神社のご祭神は海の守り神として信仰され、海上安全や交通安全のご利益があります。平清盛が社殿を大改築したのですが、その後、太政大臣となり栄華を極めたことから、立身出世や財運、必勝祈願のご利益が得られるでしょう。

宮島自体がご神体とされ、昔は人が住むことは禁じられていました。そこで対岸に建てられたのが外宮の地御前神社です。宮島の弥山山頂の御山神社が奥宮とされ、本殿とこの2社をセットで参拝することが正式な参拝方法で、運気アップにもつながります。この他にもお寺や名所が多い島なので、じっくり参拝の旅を楽しんでください。

大鳥居の屋根葺替、塗装及び部分修理中です。

木下レオンここだけの話

宮島といえば嚴島神社だけが目的の人も多いと思いますが、宮島の弥山は、山岳修験の霊場だったパワースポットでもあります。山頂に続く登山道の入り口に弘法大師が開いた「大聖院」があり、頂上の嚴島神社奥宮の手前には、弘法大師が百日間の修法に及んだ「霊火堂」があります。そのときの護摩焚きの火が1200年以上燃え続けているのです。ロープウェーで行くこともできますが、修行のつもりで自分の足で登ってみてほしいです。

嚴島神社の由来

推古天皇即位の年（593年）に宮島を治めていた佐伯鞍職（さえきのくらもと）と、市杵島姫命・田心姫命・湍津姫命の三女神が島の浦々をめぐり、海水の満ち引きがあるこの地に社殿を建てたとされます。この三女神がご祭神となり、瀬戸内海航路の守り神として信仰されました。その後、平清盛が厚く崇敬し、仁安3年（1168年）に社殿を修造しました。清盛の官位が上がるにつれ、平家一門だけでなく、後白河法皇や高倉上皇をはじめ多くの皇族と貴族が参詣するようになり、都の文化が伝えられました。松島・天橋立と並ぶ「日本三景」として知られ、ユネスコの世界文化遺産にも登録されています。

ご祭神
・市杵島姫命
・田心姫命
・湍津姫命

ご利益
・交通安全・航海安全・水難除け・開運・勝負運・必勝祈願・縁結び・子宝・商売繁盛・財運・技芸上達・病気平癒・厄除け・学業成就・家内安全・夫婦和合など

DATA
住 広島県廿日市市宮島町1-1
拝 6:30~18:00（3月1日~10月14日）※その他の期間は閉門時間が変わります
交 JR「宮島口駅」よりフェリーで約10分

運気が上がる  スポット

国宝の東廻廊です。現在の床板は二重になっていますが、下にある本来の床板は隙間が空いていて、高潮のときに隙間から海水を逃がしています。昔の人の知恵と技術がすごい！

東廻廊及び客神社拝殿・祓殿の屋根葺替、塗装工事中です。

宝物館には、平家一門をはじめ時の崇敬者たちが奉納した貴重な美術工芸品が収蔵され、必見です。

東京都

花園神社（はなぞのじんじゃ）

夢を追い続ける人の心の拠りどころ

新宿を訪れる人たちの心の拠りどころになっているのが花園神社です。ご祭神の倉稲魂神（うがのみたまのかみ）は商売繁盛の神様で、花園神社名物の酉の市では、商売繁盛の飾り熊手が売られています。アジア最大の歓楽街とされる新宿歌舞伎町のそばですから、商売繁盛のご利益が一番求められるのも納得です。

また、花園神社は芸能のパワースポットでもあります。江戸時代に火事で社殿が焼失し、再建費用を集めるために境内に劇場を作って見世物や演劇、踊りなどの興行を行ったことで芸能との縁が深いのです。演劇や歌やダンスの世界で活躍したい人にもご利益がある神社です。

木下レオンここだけの話

花園神社といえば酉の市の商売繁盛のご利益が有名ですが、境内に芸能浅間神社があり、芸能のご利益もあることは意外と知られていません。芸能神社というもの自体が全国的に少ないのに、それが芸能のメッカ・東京にあるのだから、芸能志望の人はぜひ参拝してください。私もテレビに出る前に花園神社で芸能運を祈願しました。宇多田ヒカルの母、藤圭子の「圭子の夢は夜ひらく」の歌碑があるのも新宿らしい。

花園神社の由来

新宿の総鎮守である花園神社は、徳川家康が武蔵国に入った1590年より前に大和吉野山より勧請されたといいます。江戸時代前期までは現在の場所より250メートルほど南にありましたが、社地が旗本の敷地に囲い込まれてしまったため、幕府に訴えたところ、尾張藩下屋敷の庭の一部を拝領することになりました。その場所にたくさんの花が咲き乱れていたことから、「花園稲荷神社」と呼ばれたのが社名の由来とされます。宿場町として新宿が栄えるとともに総鎮守として多くの人々の信仰を集めるようになり、明治時代から始まった酉の市は、師走を迎える新宿の風物詩となっています。

運気が上がる㊙スポット

大都会でひときわ目立つ明治通り沿いの鳥居です。神社の横に新宿ゴールデン街があり、そこにも入り口がありますが、やはり正面の鳥居から入った方が運気は上がります。
写真協力：花園神社

多数の芸能関係者が祈願に訪れる芸能浅間神社です。芸能人の名前を記した奉納の玉垣がたくさん並び、いかにもご利益がありそうです。

ご祭神
- 倉稲魂神（うがのみたまのかみ）
- 日本武尊（やまとたけるのみこと）
- 受持神（うけもちのかみ）

ご利益
・商売繁盛・芸道成就・金運・五穀豊穣・厄除け・開運招福・学業成就・家内安全・縁結び・安産・病気平癒・交通安全・心願成就など

DATA
住 東京都新宿区新宿5-17-3
拝 参拝時間：自由
交 東京メトロ丸の内線・副都心線・都営新宿線「新宿三丁目駅」E2出口より徒歩0分、JR「新宿駅」より徒歩約6分

神奈川県

江島神社

えのしまじんじゃ

縁結びと芸能の強力パワースポット

縁結びの聖地として人気の江島神社ですが、私はむしろ芸能のパワースポットとして、ここぞ！　というときに参拝しています。江島神社では三姉妹の女神様をご祭神とし、3社に祀られています。まず島の玄関口でもある辺津宮（へつみや）で必ずご挨拶をし、それから中津宮、奥津宮の順で参拝するとご利益もアップします。辺津宮の隣の奉安殿には、日本三大弁財天の一つ「妙音（みょうおん）弁財天（裸弁財天）」と、「八臂（はっぴ）弁財天」（国指定重要文化財）が祀られていて、この二つを合わせた総称が「江島弁財天」となります。弁財天は芸能のご利益がある神様ですから、私は昨年このお堂で1時間ほどお祈りしました。その後、テレビのレギュラー出演が決まったので、確実に芸能のご利益があります。

木下レオンここだけの話

パワースポットの宝庫ともいえる江島神社ですが、中でも私が一番パワーを感じたのが、奥津宮の隣にある「龍宮」です。江島神社は「岩屋本宮」に三女神が奉納されたのが始まりとされますが、龍宮はその真上に位置し、江島の守護神でもある龍宮大神をご祭神としています。龍宮の裏にある岩の後ろが一番神様に近づける場所なので、私はいつもそこでお祈りをします。龍神は天に昇る神様ですから、願いを天に上げてくれます。

江島神社の由来

『江島縁起』によると、欽明天皇13年（552年）に大地が振動し、天女が十五童子を従え、江の島を造ったとされ、欽明天皇の勅命で島の洞窟（現在の岩屋）に神様を祀ったのが、江島神社の始まりと伝わります。その後、文武天皇4年（700年）に修験者の役小角（えんのおづぬ）が修験の霊場を開きました。そして、弘仁5年（814年）に空海が岩屋本宮を創建、仁寿3年（853年）に慈覚大師が上之宮（中津宮）を創建しました。時を経て、建永元年（1206年）に源實朝により下之宮（辺津宮）が創建されました。天照大神が須佐之男命と誓約されたときに生まれた三女神をご祭神としています。

運気が上がる㊙スポット

龍宮（わだつみのみや）は江島神社の聖地・岩屋洞窟の真上にあり、洞窟より太陽の光が当たるので運気がアップします。江島は古来、龍が棲む所とされ、龍宮大神様の強力なパワーをいただけます。

奉安殿には、「八臂弁財天」と「裸弁財天」が祀られています。女性の象徴をすべて兼ね備えた裸像を拝むだけでも眼福を授かれます。

写真協力：江島神社

ご祭神

- 多紀理比賣命（たぎりひめのみこと）（奥津宮）
- 市寸島比賣命（いちきしまひめのみこと）（中津宮）
- 田寸津比賣命（たぎつひめのみこと）（辺津宮）

ご利益

・縁結び・芸能運・勝負運・金運・必勝祈願・合格祈願・学業成就・恋愛成就・病気平癒・安産・子宝・子孫繁栄・旅行安全・商売繁盛・厄除けなど

DATA

住 神奈川県藤沢市江の島2-3-8

時 8:30〜17:00

交 小田急線「片瀬江ノ島」より徒歩約17分、江ノ島電鉄「江ノ島駅」より徒歩約21分、湘南モノレール「湘南江の島駅」より徒歩約22分

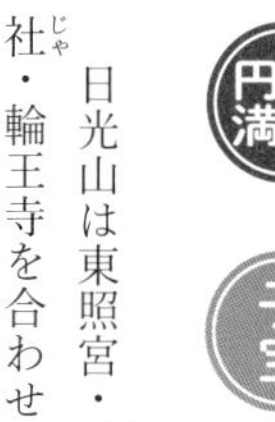

徳川幕府が崇敬した日光山の大寺院

栃木県

日光山 輪王寺

日光山は東照宮・二荒山神社・輪王寺を合わせて「二社一寺」と称され、中でも輪王寺は1250年以上の歴史を誇ります。徳川家康公は、信任厚い天海大僧正が住職を務める輪王寺を参拝することを願っていましたが、生前は叶わず、東照宮に祀られることになりました。関八州の鬼門を家康公の霊力で封じる意味があるので、日光山は鬼門除けのパワーが非常に強いです。

輪王寺の「大猷院」は三代将軍・家光公の廟所ですが、徳川歴代将軍が祈りを捧げた拝殿が当時のまま残され、天蓋の真下に家光公の思いが詰まっています。ここで祈れば運気がアップします。

木下レオンここだけの話

輪王寺は家内安全のご利益で知られています。「男体山・女峰山・太郎山」の三山と、三仏堂の「千手観音・阿弥陀如来・馬頭観音」の三仏を同一視する信仰があり、それを家族に見立てて家庭運となっています。三仏堂は仏様を真下から参拝することができ、仏様と目が合って願いが伝わりやすくなります。また、二荒山神社の別宮「瀧尾神社」には三本杉があり、これも家族を思わせるので家庭運がアップするでしょう。

輪王寺の由来

日光山は奈良時代の天平神護2年(766年)に勝道上人により開山されました。以来、平安時代には空海、円仁ら高僧が来山したと伝えられ、鎌倉時代には将軍家の帰依により、関東の一大霊場として栄えました。室町時代には所領十八万石、500におよぶ僧坊が建ち並び、隆盛を極めました。江戸時代には天海大僧正(慈眼大師)が住職となり、山王一実神道(天台宗)の教えで「家康公」を東照大権現として日光山に迎え祀りました。さらに三代将軍・家光公を祀る大猷院廟が建立されました。明治の頃から日光は、輪王寺・東照宮・二荒山神社の3カ所が参詣所とされています。

運気が上がる㊙スポット

本殿から離れたところにある大猷院の「二天門」は、左に持国天、右に増長天の二天を祀っています。日光二社一寺では最大の門で、魔を払いのける強力なパワーを放っています。

大護摩堂では、一日5回の護摩祈願が行われています。内陣には、ご本尊の五大明王を中心に30体もの仏様と祖師像が祀られています。

写真協力：日光山輪王寺

ご本尊

- 阿弥陀如来・千手観音菩薩
- 馬頭観音菩薩(三仏堂)
- 薬師如来(薬師堂)
- 釈迦如来(大猷院)

ご垂迹・徳川家光公

ご利益

・家内安全・家庭円満・夫婦円満・子孫繁栄・子宝・安産・開運招福・健康長寿・病気平癒・厄除け・方位除け・魔除け・鬼門除けなど

DATA

住 栃木県日光市山内2300

拝 8:00~17:00(11月~3月は16:00閉門)拝観受付は閉門30分前まで

交 JR「日光駅」、東武鉄道日光線「東武日光駅」より徒歩約30分、車で約10分。

浅草名所七福神巡り

七福神の御朱印を集めながら浅草散歩

浅草には江戸時代から庶民に人気の「浅草名所七福神巡り」という参詣コースがあります。七福神をすべて巡れば、7つの幸福が得られ、運気も倍増します。

文字どおり七福神を巡るコースですが、寿老人（神）と福禄寿が2カ所の神社に祀られているため、浅草名所七福神巡りでは9社寺を参拝します。

浅草名所七福神巡りでは、一枚の色紙に七福神の御朱印をいただけるので、9社寺すべてを参拝し終えたときの達成感もひとしおです。

ここでは、浅草のシンボルともいえる「浅草寺」からスタートするコースをご紹介していますが、巡拝の順番に特に決まりなどはなく、一番ご利益をいただきたい神様を最後に参拝すると、そのご利益がさらにアップするといわれているので、ここでどんな神社があるのか予習してみてはいかがでしょうか。

一度にたくさんのご利益がいただけるチャンスですので、ぜひ浅草名所七福神巡りを楽しんで歩いてみてください！

MAP

1 浅草寺
2 浅草神社
3 待乳山聖天
4 今戸神社
5 橋場不動尊
6 石浜神社
7 吉原神社
8 鷲神社
9 矢先稲荷神社
国際通り
土手通り
吉野通り
言問通り
合羽橋道具街通り
図書館
すみだ川
東京スカイツリー
アサヒビール
つくばエクスプレス浅草駅
東京メトロ銀座線浅草駅

イラスト／草野かおる（オフィスカンノン）

※コロナ禍により参拝時間変更の場合がありますので、各社寺の公式ホームページなどを参照の上おでかけ下さい。

浅草名所七福神は巡拝の順番はありませんので、
お好きな社寺よりスタートしてください。

1 浅草寺（せんそうじ）

1400年近い歴史を持つ観音霊場です。漁師の兄弟が隅田川で聖観音像を見つけ、草で作ったお堂に祀ったのが起源とされます。大化元年（645年）に勝海上人が観音堂を建立。古来、ご本尊は秘仏とされています。

【大黒天】
浅草寺の大黒天様は、米びつ大国として庶民に信仰され、糧食と財運のご利益があります。色が真っ黒なのは強さの象徴であり、こちらの大黒天様は、市民の崇敬を集めています。

東京都台東区浅草2-3-1
東京メトロ・東武鉄道「浅草駅」より徒歩約5分

徒歩1分

2 浅草神社（あさくさじんじゃ）

日本を代表する祭礼の一つ「三社祭」で有名な神社。創建年代は平安末期から鎌倉初期と推察され、ご先祖様を郷土神として祀る三社権現社が創建されたのが始まりとされます。

東京都台東区浅草2-3-1
東京メトロ・東武鉄道「浅草駅」より徒歩約5分

【恵比須】
扉の奥に恵比須像が安置されているため見ることはできませんが、恵比須様といえば笑顔です。「笑う門には福来たる」というように、祈願の後に「笑う」とご利益が倍増します。

木下レオンここだけの話

御朱印を集めながら浅草七福神巡りをするのは、神社やお寺がより身近に感じられ、すごくいいことだと思うのですが、それぞれの神社やお寺のメインは、やはりご祭神やご本尊なので、まず本殿にご挨拶してから七福神を参拝するようにしましょう。七福神巡りだからといって、七福神にお願いだけして帰るのは厳禁です。

徒歩9分

3 待乳山聖天（まつちやましょうでん）

勝負運

推古天皇3年（595年）にこの土地が盛り上がり、金龍が舞い降りたと伝えられ、その6年後、「大聖歓喜天」が干ばつに苦しむ民を救ったとされ、古来、聖天様を信仰しています。

【毘沙門天】

聖天様の守り神として本堂に毘沙門天が祀られています。ちなみに待乳山聖天では、参拝時に大根をお供えする風習があり、良縁成就と家族運のご利益があります。

東京都台東区浅草7-4-1
東京メトロ・東武鉄道「浅草駅」より徒歩約7分

徒歩4分

4 今戸神社（いまどじんじゃ）

康平6年（1063年）、源頼義・義家父子が奥州の夷賊討伐の際、京都の石清水八幡を勧請し、創建されました。伊弉諾尊（いざなぎのみこと）・伊弉冉尊（いざなみのみこと）を祀る「縁結び神社」として知られています。

東京都台東区今戸1-5-22
東京メトロ・東武鉄道「浅草駅」より徒歩約15分

【福禄寿】

福禄寿が祀られる今戸神社の住所は「1-5-22（いいご夫婦）」です。日本で初めて結婚した神様である伊弉諾尊・伊弉冉尊夫婦がご祭神ですから、縁結びのご利益が大いに期待できそうです。

徒歩15分

5 橋場不動尊（はしばふどうそん）

天平宝字4年（760年）、東大寺建立に尽力した良弁僧正の高弟・寂昇上人によって創建されました。良弁僧正が作った不動明王像をご本尊とし、秘仏とされています。

東京都台東区橋場2-14-19
東京メトロ・東武鉄道「浅草駅」より徒歩約7分

【布袋尊】

布袋尊は常に笑顔でまんまるしたお腹と大きな袋が特徴ですが、橋場不動尊の布袋尊は肩に袋がなく、お腹が袋代わりの形をしている珍しいものです。

徒歩3分

6 石浜神社（いしはまじんじゃ）

長寿

神亀元年（724年）創建の約1300年の歴史があります。天照大神と豊受大神をご祭神とし、関八州の庶民がお伊勢参りの代わりに石浜神社を詣で、お祓いを受けたといいます。

東京都荒川区南千住3-28-58
JR・日比谷線「南千住駅」より徒歩約15分

【寿老神】

長寿の神である寿老神は、鹿を連れていることが多いですが、この鹿が齢2000年という長寿の象徴なのです。境内にご神水があるので、お水取りをして運気をアップしましょう。

徒歩23分

GOAL

ついに9社寺の御朱印がそろった色紙が完成！ 他にも七福神が描かれた福絵に御朱印を集めたり、各社寺でもらえる福絵馬を集め、福笹に付けて完成させることもできます。

9 矢先稲荷神社（やさきいなりじんじゃ）

健康　学業

三代将軍・徳川家光によって、武道の興隆のために京都の三十三間堂にならって建立。堂の廊下で「通し矢」が行われました。その的先にあった神社として「矢先稲荷」と名付けられました。

【福禄寿】
本殿の中に気軽に入ることができ、こんなに福禄寿様に近づける神社も珍しいです。ちょっと太った福禄寿様で、これは人々の悪い病気を吸い取って太っているのだそうです。

東京都台東区松が谷2-14-1
銀座線「稲荷町駅」「田原町駅」より徒歩約7分

徒歩17分

8 鷲神社（おおとりじんじゃ）

長寿　健康

酉の市の発祥の地とされる神社です。例年11月の酉の市は、毎年70～80万人の人で賑わい、日本一の規模を誇ります。重さ800キログラムの日本一大きい江戸飾り熊手も必見です！

東京都台東区千束3-18-7
日比谷線「入谷駅」より徒歩約7分

【寿老人】
道教の開祖・老子が神格化されたものとも言われる寿老人は、社殿に祀られています。ちなみに拝殿前にある「なでおかめ」の顔からお賽銭を入れると、ご利益がアップします。

木下レオンここだけの話

吉原神社の奥宮に行くときは、吉原観音も必ずお参りしましょう。関東大震災で吉原遊郭が火事になり、多くの人が亡くなりました。遊女たちの供養として建てられたのが吉原観音像です。自分の願い事を言うのではなく、ここで供養されていることへの感謝の祈りを捧げましょう。そうすることで自分自身の心の豊かさが養われるのではないでしょうか。

徒歩4分

7 吉原神社（よしわらじんじゃ）

芸能運　金運

かつて日本橋にあった「江戸元吉原」が、明暦の大火によって千束村に移転し、「新吉原」になりました。この地に鎮座していた5社が合祀され、吉原神社が創建されました。

東京都台東区千束3-20-2
日比谷線「三ノ輪」「入谷駅」より徒歩約15分

【弁財天】
吉原神社は吉原遊郭とともに歩んできた神社です。ご祭神の市杵嶋姫命は、かつて遊女たちから、女性の願いを叶えてくれる弁天様として親しまれました。弁天池に祀られています。

 写真協力：浅草名所七福神会

望む未来を
この手に
つかもう！

第3章

帝王吉方でわかる
あなたの吉方位

帝王吉方でわかる吉方位

私の占いの指標の一つ「九星気学」では、吉方位（その人にとっての縁起の良い方向）に旅をすると、心を浄化させて、望む幸せを得て運勢をアップさせることができると言われています。

「自宅から100キロメートル以上離れる」「旅行先に1泊以上する」この2つの条件を満たした時に、より吉方位の効果は得られ、遠くへ行けば行くほど、長く滞在すればするほど効果は大きくなります。

では、自分にとっての縁起の良い方向を知るにはどうしたらいいのでしょうか。

木下家三代に渡って引き継がれる秘術と、私の神通力を融合して編み出した占い『帝王占術』。その中でもさらに私の占いの秘術を集結させたのが『帝王吉方』になります。

帝王吉方は護り本尊と、方位からの力、生まれに基づく運気の流れから読んでいて、その流れに沿って生きることができるよう作られた開運奥義で、満願成就に応えていきます。

ここでは、帝王吉方から導き出された、一人ひとりに適した2021年10月から2022年12月までの月ごとの「吉方位」をお伝えします。

帝王吉方の算出方法

生まれた年をもとに、9つのグループに分けます。

次の中から、自分がどのグループになるか探しましょう。

グループ		生まれた年			
1	観世音菩薩	1945年生まれ	1954年生まれ	1963年生まれ	
		1972年生まれ	1981年生まれ	1990年生まれ	
		1999年生まれ	2008年生まれ	2017年生まれ	
2	地蔵菩薩	1944年生まれ	1953年生まれ	1962年生まれ	
		1971年生まれ	1980年生まれ	1989年生まれ	
		1998年生まれ	2007年生まれ	2016年生まれ	
3	普賢菩薩	1943年生まれ	1952年生まれ	1961年生まれ	
		1970年生まれ	1979年生まれ	1988年生まれ	
		1997年生まれ	2006年生まれ	2015年生まれ	
4	薬師如来	1942年生まれ	1951年生まれ	1960年生まれ	
		1969年生まれ	1978年生まれ	1987年生まれ	
		1996年生まれ	2005年生まれ	2014年生まれ	
5	大日如来	1941年生まれ	1950年生まれ	1959年生まれ	
		1968年生まれ	1977年生まれ	1986年生まれ	
		1995年生まれ	2004年生まれ	2013年生まれ	2022年生まれ
6	毘沙門天	1949年生まれ	1958年生まれ	1967年生まれ	
		1976年生まれ	1985年生まれ	1994年生まれ	
		2003年生まれ	2012年生まれ	2021年生まれ	
7	不動明王	1948年生まれ	1957年生まれ	1966年生まれ	
		1975年生まれ	1984年生まれ	1993年生まれ	
		2002年生まれ	2011年生まれ	2020年生まれ	
8	虚空蔵菩薩	1947年生まれ	1956年生まれ	1965年生まれ	
		1974年生まれ	1983年生まれ	1992年生まれ	
		2001年生まれ	2010年生まれ	2019年生まれ	
9	文殊菩薩	1946年生まれ	1955年生まれ	1964年生まれ	
		1973年生まれ	1982年生まれ	1991年生まれ	
		2000年生まれ	2009年生まれ	2018年生まれ	

※1月1日から節分（2月3日）までに生まれた人は前年のグループに属することになります。
※色がついている年はうるう年で、節分は2月4日になります。※2021年は2月2日が節分です。

2021年10月～2022年12月（毎月の吉方位）

グループ 1

観世音菩薩	吉方位
10月	東、南西
11月	東
12月	なし
2022年 1月	なし
2月	西
3月	なし
4月	東、南西
5月	南東
6月	南東
7月	東、南西
8月	南東、東、西、北西
9月	西
10月	北西
11月	西
12月	西、南西

グループ 2

地蔵菩薩	吉方位
10月	西、北東
11月	西
12月	北東
2022年 1月	北東
2月	南
3月	南西
4月	南西
5月	なし
6月	北西
7月	西
8月	南、西、北西
9月	南
10月	南、南西
11月	南
12月	南西

グループ4

薬師如来	吉方位
10月	南、南西
11月	南
12月	南西
2022年 1月	なし
2月	なし
3月	なし
4月	なし
5月	なし
6月	なし
7月	南
8月	北、東、南
9月	北
10月	南西
11月	なし
12月	なし

グループ3

普賢菩薩	吉方位
10月	南、東
11月	南
12月	なし
2022年 1月	なし
2月	なし
3月	南東
4月	なし
5月	なし
6月	南西
7月	南
8月	北、南東、南
9月	北、南西
10月	南西
11月	なし
12月	南東

グループ6

毘沙門天	吉方位
10月	南、北、西
11月	北、西
12月	なし
2022年 1月	北、南
2月	なし
3月	なし
4月	西
5月	なし
6月	北東
7月	北、西
8月	北、西
9月	北東
10月	北
11月	なし
12月	なし

グループ5

大日如来	吉方位
10月	北、西、北東
11月	西、北東
12月	北、西、北東
2022年 1月	北、北東
2月	南
3月	北西、南西
4月	西、南西
5月	なし
6月	南、北西
7月	西
8月	南、西、北西、南西
9月	北東、南、西
10月	北東、南
11月	南
12月	北西

グループ8

虚空蔵菩薩	吉方位
10月	北、北東
11月	なし
12月	北東
2022年 1月	北東
2月	南
3月	北西、南西
4月	西、南西
5月	なし
6月	南
7月	なし
8月	南、西、北西
9月	西
10月	南西
11月	南
12月	北西、南西

グループ7

不動明王	吉方位
10月	南、北、西
11月	北
12月	西
2022年 1月	なし
2月	なし
3月	北西
4月	なし
5月	なし
6月	北東、北西
7月	北
8月	北、北西
9月	なし
10月	北東
11月	なし
12月	北西

グループ９

文殊菩薩	吉方位
10月	北、東、西
11月	東
12月	東
2022年 1月	北
2月	なし
3月	北東、東
4月	北東、南東
5月	なし
6月	なし
7月	東
8月	東、南東
9月	なし
10月	なし
11月	なし
12月	北東、東

観世音菩薩	北
地蔵菩薩	南、北東、北、南西
普賢菩薩	南西、北、東、南
薬師如来	南西、北、東、南
大日如来	南、東、北東、北、南西
毘沙門天	南、南西、北東
不動明王	南、東
虚空蔵菩薩	東、南西、北東
文殊菩薩	東、北東

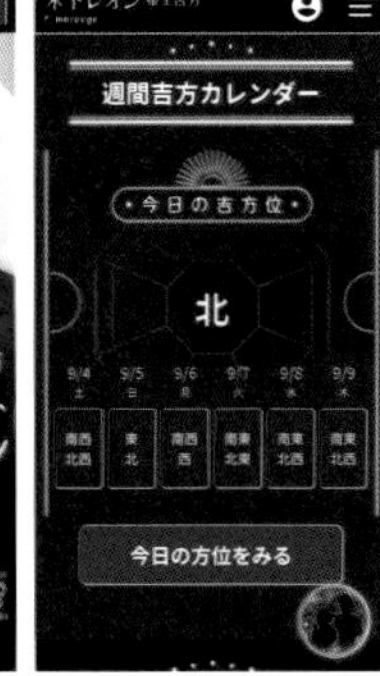

より詳しく吉方位を知りたい方は「木下レオン帝王吉方」サイトへ

「木下レオン帝王吉方」サイトでは、「週間吉方カレンダー」として毎日の運勢から、その日のあなたにとって縁起の良い方角を占い、週間のカレンダーで確認することができます。他にも「今年の吉方位」「恋愛運」「人生」「好きな人」など、あなただけの鑑定書が毎週届きます。

https://kinoshita-reon.marouge.jp/p/home

最強のパワーを授かる日がわかる!!

開運カレンダー

日本の暦には大安、一粒万倍日、天赦日などの吉日があり、これらの日は「もの事を始めると良い日」「縁起が良い日」として、広く知られています。ここでは吉日に加えて、新月と満月も一目でわかる2022年末までの開運カレンダーを掲載。運気が高まる開運日をチェックして、その日に合った行動をすることで良い運を呼び込みましょう。

一粒万倍日（いちりゅうまんばいび）

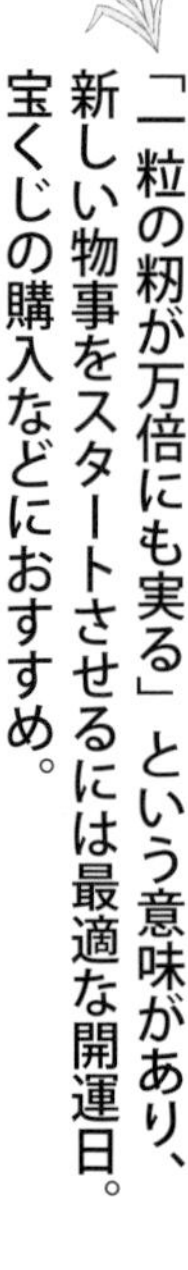

「一粒の籾が万倍にも実る」という意味があり、新しい物事をスタートさせるには最適な開運日。宝くじの購入などにおすすめ。

寅の日（とらのひ）

金運が高まる吉日。旅行にまつわる行動などにおすすめ。

巳の日（みのひ）

金運にご利益のある弁財天と縁の深い日のため、お金にまつわるお願いをすると吉となる。財布を購入・新調などをするのにおすすめ。

天赦日（てんしゃにち）

年に5～6回しかない日本の暦の上で最上の吉日。この日に始めたことは成功を収めるとされる。入籍などの慶事におすすめ。

新月（しんげつ） ○ 休息や感情のリセットをするのに良い日。

満月（まんげつ） ● 達成や収穫のパワーが強くなる日。

2021年10月

OCTOBER

日	月	火	水	木	金	土
26	27	28	29	30	1 友引	2 先負
3 仏滅	4 大安	5 赤口	6 新月 先負	7 仏滅	8 大安	9 赤口
10 先勝	11 友引	12 先負	13 仏滅	14 大安	15 赤口	16 先勝
17 友引	18 先負	19 仏滅	20 満月 大安	21 赤口	22 先勝	23 友引
24 先負	25 仏滅	26 大安	27 **天赦日** 赤口	28 先勝	29 友引	30 先負
31 仏滅	1	2	3	4	5	6

2021年11月

NOVEMBER

日	月	火	水	木	金	土
31	1 大安	2 赤口	3 文化の日 先勝	4 友引	5 新月 仏滅	6 大安
7 赤口	8 先勝	9 友引	10 先負	11 仏滅	12 **天赦日** 大安	13 赤口
14 先勝	15 友引	16 先負	17 仏滅	18 大安	19 満月 赤口	20 先勝
21 友引	22 先負	23 勤労感謝の日 仏滅	24 大安	25 赤口	26 先勝	27 友引
28 先負	29 仏滅	30 大安	1	2	3	4

2021年12月

DECEMBER

日	月	火	水	木	金	土
28	29	30	1 赤口	2 先勝	3 友引	4 新月 大安
5 赤口	6 先勝	7 友引	8 先負	9 仏滅	10 大安	11 赤口
12 先勝	13 友引	14 先負	15 仏滅	16 大安	17 赤口	18 先勝
19 満月 友引	20 先負	21 仏滅	22 大安	23 赤口	24 先勝	25 友引
26 先負	27 仏滅	28 大安	29 赤口	30 先勝	31 友引	1

2022年1月

JANUARY

日	月	火	水	木	金	土
26	27	28	29	30	31	1 元日 先負
2 仏滅	3 新月 赤口	4 先勝	5 友引	6 先負	7 仏滅	8 大安
9 赤口	10 成人の日 先勝	11 天赦日 友引	12 先負	13 仏滅	14 大安	15 赤口
16 先勝	17 友引	18 満月 先負	19 仏滅	20 大安	21 赤口	22 先勝
23 友引	24 先負	25 仏滅	26 大安	27 赤口	28 先勝	29 友引
30 先負	31 仏滅	1	2	3	4	5

2022年2月

FEBRUARY

日	月	火	水	木	金	土
30	31	1 新月 先勝	2 友引	3 先負	4 仏滅	5 大安
6 赤口	7 先勝	8 友引	9 先負	10 仏滅	11 建国記念の日 大安	12 赤口
13 先勝	14 友引	15 先負	16 仏滅	17 満月 大安	18 赤口	19 先勝
20 友引	21 先負	22 仏滅	23 天皇誕生日 大安	24 赤口	25 先勝	26 友引
27 先負	28 仏滅	1	2	3	4	5

2022年3月

MARCH

日	月	火	水	木	金	土
27	28	1 大安	2 赤口	3 新月 友引	4 先負	5 仏滅
6 大安	7 赤口	8 先勝	9 友引	10 先負	11 仏滅	12 大安
13 赤口	14 先勝	15 友引	16 先負	17 仏滅	18 満月 大安	19 赤口
20 先勝	21 春分の日 友引	22 先負	23 仏滅	24 大安	25 赤口	26 天赦日 先勝
27 友引	28 先負	29 仏滅	30 大安	31 赤口	1	2

2022年4月

APRIL

日	月	火	水	木	金	土
27	28	29	30	31	1 新月 先負	2 仏滅
3 大安	4 赤口	5 先勝	6 友引	7 先負	8 仏滅	9 大安
10 赤口	11 先勝	12 友引	13 先負	14 仏滅	15 大安	16 赤口
17 満月 先勝	18 友引	19 先負	20 仏滅	21 大安	22 赤口	23 先勝
24 友引	25 先負	26 仏滅	27 大安	28 赤口	29 昭和の日 先勝	30 友引
1	2	3	4	5	6	7

2022年5月

MAY

日	月	火	水	木	金	土
1 新月 仏滅	2 大安	3 憲法記念日 赤口	4 みどりの日 先勝	5 こどもの日 友引	6 先負	7 仏滅
8 大安	9 赤口	10 先勝	11 友引	12 先負	13 仏滅	14 大安
15 赤口	16 満月 先勝	17 友引	18 先負	19 仏滅	20 大安	21 赤口
22 先勝	23 友引	24 先負	25 仏滅	26 大安	27 赤口	28 先勝
29 友引	30 新月 大安	31 赤口	1	2	3	4

2022年6月

JUNE

日	月	火	水	木	金	土
29	30	31	1 先勝	2 友引	3 先負	4 仏滅
5 大安	6 赤口	7 先勝	8 友引	9 先負	10 **天赦日** 仏滅	11 大安
12 赤口	13 先勝	14 満月 友引	15 先負	16 仏滅	17 大安	18 赤口
19 先勝	20 友引	21 先負	22 仏滅	23 大安	24 赤口	25 先勝
26 友引	27 先負	28 仏滅	29 新月 赤口	30 先勝	1	2

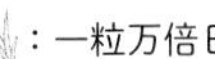：一粒万倍日 ：巳の日 ：寅の日

2022年7月 JULY

日	月	火	水	木	金	土
26	27	28	29	30	1 友引	2 先負
3 仏滅	4 大安	5 赤口	6 先勝	7 友引	8 先負	9 仏滅
10 大安	11 赤口	12 先勝	13 友引	14 満月 先負	15 仏滅	16 大安
17 赤口	18 海の日 先勝	19 友引	20 先負	21 仏滅	22 大安	23 赤口
24 先勝	25 友引	26 先負	27 仏滅	28 大安	29 新月 先勝	30 友引
31 先負	1	2	3	4	5	6

2022年8月 AUGUST

日	月	火	水	木	金	土
31	1 仏滅	2 大安	3 赤口	4 先勝	5 友引	6 先負
7 仏滅	8 大安	9 赤口	10 先勝	11 山の日 友引	12 満月 先負	13 仏滅
14 大安	15 赤口	16 先勝	17 友引	18 先負	19 仏滅	20 大安
21 赤口	22 先勝	23 天赦日 友引	24 先負	25 仏滅	26 大安	27 新月 友引
28 先負	29 仏滅	30 大安	31 赤口	1	2	3

2022年9月 SEPTEMBER

日	月	火	水	木	金	土
28	29	30	31	1 先勝	2 友引	3 先負
4 仏滅	5 大安	6 赤口	7 先勝	8 友引	9 先負	10 満月 仏滅
11 大安	12 赤口	13 先勝	14 友引	15 先負	16 仏滅	17 大安
18 赤口	19 敬老の日 先勝	20 友引	21 先負	22 仏滅	23 秋分の日 大安	24 赤口
25 先勝	26 新月 先負	27 仏滅	28 大安	29 赤口	30 先勝	1

2022年10月 OCTOBER

日	月	火	水	木	金	土
25	26	27	28	29	30	1 友引
2 先負	3 仏滅	4 大安	5 赤口	6 先勝	7 友引	8 先負
9 仏滅	10 スポーツの日 大安 満月	11 赤口	12 先勝	13 友引	14 先負	15 仏滅
16 大安	17 赤口	18 先勝	19 友引	20 先負	21 仏滅	22 天赦日 大安
23 赤口	24 先勝	25 新月 仏滅	26 大安	27 赤口	28 先勝	29 友引
30 先負	31 仏滅	1	2	3	4	5

2022年11月 NOVEMBER

日	月	火	水	木	金	土
30	31	1 大安	2 赤口	3 文化の日 先勝	4 友引	5 先負
6 仏滅	7 天赦日 大安	8 満月 赤口	9 先勝	10 友引	11 先負	12 仏滅
13 大安	14 赤口	15 先勝	16 友引	17 先負	18 仏滅	19 大安
20 赤口	21 先勝	22 友引	23 勤労感謝の日 先負	24 新月 大安	25 赤口	26 先勝
27 友引	28 先負	29 仏滅	30 大安	1	2	3

2022年12月 DECEMBER

日	月	火	水	木	金	土
27	28	29	30	1 赤口	2 先勝	3 友引
4 先負	5 仏滅	6 大安	7 赤口	8 満月 先勝	9 友引	10 先負
11 仏滅	12 大安	13 赤口	14 先勝	15 友引	16 先負	17 仏滅
18 大安	19 赤口	20 先勝	21 友引	22 先負	23 新月 赤口	24 先勝
25 友引	26 先負	27 仏滅	28 大安	29 赤口	30 先勝	31 友引

：一粒万倍日  ：巳の日 ：寅の日

おわりに

吉方位の旅は、人それぞれの生まれ年によって縁起のいい方位も違えば、その人の願いによって、向かうべき方位も参拝すべき神様も異なってきます。

あなたが行きたい方位と、ご利益を授かりたい神様は見つかったでしょうか？

同時にそれは、自分自身の願いを知ることでもあります。

意外と人は、普段の生活の中で、自分の願いについて考えてみる機会が少ないものです。それこそ初詣のときだけ祈願するという人が大半ではないでしょうか。

それはそれでかまわないのですが、私はもっとみなさんに自分自身の願いを知ってほしいと思っています。

自分はどうなりたいのか。成し遂げたいことは何か。心から求めていることは何か。

まず自分の心の声に耳を傾けてみることが、願いを叶える第一歩です。

そして、正直にその思いを神様にお伝えし、ちかっぱ祈る！

一度や二度、お祈りして終わりではなく、祈れば祈るほどご利益は授かりやすくなります。なぜなら、祈れば祈るほど願いははっきりしたものになり、今の自分に足りないものや、どこに向かって努力すべきかが見えてくるからです。

この本では、全国的に有名な神社やお寺を中心に紹介していますが、私が若い頃に何度も繰り返し祈っていた場所は、地元の氏神様の住吉神社をはじめ、脊振神社、名島弁財天や雷山千如寺といった博多から近い神社やお寺でした。そこに何度も足しげく通っていました。

これだけ、ちかっぱ祈っている人間が、努力しないわけはありませんよね。

神様のご加護を信じて祈り続ければ、不思議と奇跡は起きる。ただし、それはいつ起きるかわからない。ふとしたときに起きるものです。いつかそのときが来ると、信じきること。それこそがご利益を授かる秘訣かもしれません。

自分の願いを考えてみたとき、「そんな高尚な願いはない」「あらためて問われるとわからない」という人もいるかと思います。

背伸びをする必要もありませんし、わからないならわからないで無理にひねり出す必要もありません。神社やお寺は、必ずお願い事をしなくてはいけないというところではなく、感謝の気持ちをお伝えするだけでも十分です。

たとえ、願いがはっきりしていなくても、自我や欲を捨てることを意識しながら心を清め、子どものように純粋な気持ちで神様と向き合うと、自然と心の内側から願いは見つかるものです。

逆に「願いがいっぱいありすぎる」という人もいるかと思います。そんな人のために最後にとっておきの方法をお伝えします。

それは、私がいつもお祈りしている「心願成就」です。

心の中で神仏に願を立てることを意味する言葉で、心の底から願っていることは、いつか成就するとされています。

心の表層には、「金運が欲しい」「恋愛がしたい」「仕事で成功したい」といったさまざまな願いが乱立していますが、そのさらに奥底にあるのが〝心の願い〟です。

たとえば、「親孝行をするためにお金持ちになりたい」というのと、「みんなにチヤホヤされるためにお金持ちになりたい」というのとでは、同じ金運を求める願いでも奥底にあるものが違いますよね。

大事なことは、そこに愛と志があるかどうかです。

邪（よこしま）な心の願いでは、神様も手を貸す気にならないでしょうし、自分自身もそのために頑張ろうとは思えないものです。

あらためて考えてみると、私の心の願いとは、全国放送に出演することではなく、テレビを通して、より多くの人に神仏とご先祖様に手を合わせることの大切さをお伝えすることだったと思います。

私は20代の頃から吉方位を道しるべに日本各地の寺社巡りをしてきましたが、それでもほんの一部にすぎず、日本には神社仏閣が本当に多いことに驚かされます。

なにしろコンビニより多い15万8000寺社もあるくらいですから、どの方位のどこに行っても必ず神社とお寺があります。そんな国は世界的に見ても珍しい。あらためて、古来より信仰心が厚い国であることを実感します。

けれど、今の時代は、代々受け継がれてきた信仰心が薄らいできているように思います。そうした中で、神社やお寺に興味を持つ人が一人でも二人でも増えるように働きかけること。それが私に与えられた役割だと思っています。

この本がきっかけで、吉方位を旅し、神社やお寺を参拝する人が増えていくことを願っています。そうなれば、日本全体の運気も上がるはず。

吉方位で神仏に祈れば、必ず光と希望が見えてくるバイ！

木下レオン

木下レオン

1975年8月12日生まれ。福岡県出身。占術家。占い師一家に育ち、幼少期は占いの英才教育を受ける。10年以上の会社員生活を経て独立。飲食店経営の傍ら、約4万人の占いを無料で行い、その驚愕の的中率から話題に。テレビ番組『突然ですが占ってもいいですか？』（フジテレビ系毎週水曜日22:00～22:54放送中）に出演し、厳しさの中にも愛あふれるコメントで視聴者を魅了、芸能界からも多くの支持を集める。四柱推命・九星気学・神通力をベースとした独自の占い「帝王占術」を用いて、人々を幸せに導いている。

「木下レオン OFFICIAL SITE」https://king-reon.jp
「帝王占術　木下レオン占いの館」https://www.reon-uranainoyakata.com

浄化＆開運で最強運を手に入れる
木下レオン吉方位の旅

第1刷 2021年9月28日

著　　者　木下レオン

編　　集　黒岩久美子　佐藤千秋　船木圭子
撮　　影　山本学
装丁・デザイン　ニシハラ・ヤスヒロ（UNITED GRAPHICS）
制作協力　株式会社キングレオン
校　　正　株式会社　鷗来堂
発 行 者　田中賢一
発　　行　株式会社 東京ニュース通信社
〒104-8415　東京都中央区銀座 7-16-3
電話 03-6367-8023
発　　売　株式会社 講談社
〒112-8001　東京都文京区音羽 2-12-21
電話 03-5395-3606
印刷・製本　大日本印刷株式会社

ISBN 978-4-06-525719-7